国家出版基金项目
NATIONAL PUBLICATION FOUNDATION

"十二五"国家重点出版物出版规划项目

走向世界丛书

主编　钟叔河　曾德明　杨云辉

FROM EAST TO WEST

邹代钧 西征纪程

酆琨　校点

岳麓書社·长沙

邹代钧

本册总目□

□

邹代钧西征纪程

丛书新序□

钟叔河

二〇一三年十月

“走向世界丛书”一百种，只收晚清时期 from east to west（从东方到西方）的记述，这并不等于说，只有十九世纪末二十世纪初的中国人，才需要面对走向世界的问题。

纵观人类历史，走向世界决不是什么地区性和阶段性的活动，而是不断出现在全人类发展进步过程中并与之同步的历史现象。一百万年前，人类开始从非洲进入亚洲和欧洲，一万年前，又从亚洲进入北美洲和大洋洲，就是在不断地走向世界。

从有史以来的文献、文物看，三千多年前的《奥德赛》和《出埃及记》，说的是古希腊人和以色列人走向世界——走向地中海和巴勒斯坦。两千多年前的《史记》和《汉书》，写了张骞和后来汉朝“益发使”走向世界——曾走到罗马在西亚的边陲。一千三百年前的《大秦景教流行中国碑》、七百年前的《马可·波罗游记》和四百年前的《利玛窦中国札记》，记下了阿罗本、马可·波罗、利玛窦的 from west to east，这和 from east to west 一样，都是在走向世界。

人类曾因地理、种族、制度、意识形态等原因而互相分离，甚至隔绝。夜郎国的君长初见汉使时问：“汉孰与我大?”当是时，夜郎的世界僻处黔西，其“大”可知；连夜郎都未入版图，则汉之“大”亦远不如今之中国。但人为万物之灵，为了求生存谋发展，总不能老守着自己的一亩三分地，总会要想方设法走向世界——走向更广阔的外部世界。于是，汉要“通西南夷”，要前往原来“道险终不能有”的夜郎；夜郎要问“汉孰与我大”，要想改变原来“不知汉广大”的状况。由互相隔绝变而互相接近，互求了解，这就是走向世界。

走向世界，无论是自己走出去还是让别人走进来（总比让别人杀进来好），无论是主动的还是被动的，从总的历史进程看，用大的历史眼光看，都有利于发展，都是一种进步。对汉朝来说是如此，对夜郎来说亦是如此。两千年前是如此，两千年后亦是如此。上世纪七十年代末开始编辑出版“走向世界丛书”时是如此，如今来继续编辑出版这部丛书时亦是如此。

今天的中国已不再是七十年代的中国，虽然仍称发展中国家，经济总量却早已“超英”，正在“赶美”，但走向世界的路还“漫漫其修远”。时至现代，走向世界当然是要走向现代化的世界，也就是要高度现代化，全盘现代化。“四个现代化”的“四个”——工业、农业、科技和国防，已经“化”出了很大的成绩，而我们的管理现代化，我们的服务现代化，我们的制度现代化……要走的路的确还很长。

现代人走向世界，首先要使自己成为能接受全球文明，有世界知识，有世界眼光，有世界理想的人。“走向世界丛书”杰出的作者，如郭嵩焘、黄遵宪……又如邹代钧、金绍城……他们看到的新技术还是德律风（送话器和最早的手摇电话机)、火轮车（蒸汽机车）……我们如今却已经用上了智能手机、坐上了波音飞机……但在思想层面上，我（不敢称我们）反省自己的世界眼光和世界理想，甚至在世界知识的某些方面，比起一个多世纪以前的郭、黄他们来，差距实在还不小。在这方面，也就是人的现代化这方面，要走的路就更“漫漫其修远”了。

五年前北京奥运会的成功举世公认，它已经成为中国走向世界的一大标志。它的口号：

ONE WORLD，ONE DREAM

“同一个世界，同一个梦想”，这也应该是现代人走向世界的志向和目的，是我们继续编辑出版“走向世界丛书”的志向和目的。

丛书原序

钟叔河

一九八〇年七月

人们常说，今日之世界，乃是一个“迅速缩小的世界”（rapidly shrinking world）。在电视卫星、激光通信和喷气式客机的时代，地球之上各地之间的距离，确实好像越来越短，人们相互间的接触和交流，也越来越方便和密切了。

可是，仅仅在几代人以前，异国还显得那样的离奇和遥远。古代欧洲人说，中国人用小米和青芦喂一种类似蜘蛛的昆虫，喂到第五年虫肚子胀裂开，就从里面取出丝来（Pausanias《希腊纪事》）。古代中国人则曾经相信，西方有种羊羔是从泥土里生长出来的，脐带还连着大地（《旧唐书·西戎传》、《渊鉴类函·边塞部九》）。这类海外奇谈，今天听起来简直不可思议，而在过去上千年中，却一直被当作可信的资料，记载在欧洲和中国的史书上。由此可见，人类文明的发展，经历了一条何等漫长曲折的道路。

为了探索和开辟外部世界，丰富自己的物质和精神生活，各国人民都作过许多贡献。人类文明史像叙说伟大的发明家和著作家一样，将永远铭记着张骞、玄奘、马可·波罗、哥伦布等不朽的名字。我们甚至可以这样说：一个民族从中世纪到现代的历史，也就是它打开眼界和走向世界的历史。

历史的发展从来是不平衡的。当黄河、长江已经哺育出精美辉煌的古代文化时，泰晤士、莱茵和密西西比河上的居民，还在阴暗的原始森林里徘徊。而自从地理大发现和产业革命以来，中国却相对地落后了。在西方实现资本主义的现代化以后，中国还是一个基本上同外界隔绝的古老国家。是鸦片战争打开了中国的大门，也打开了中国人的眼睛。人们称林则徐和魏源为清代最早“开眼看世界”的人，因为西方的坚船利炮打到中国来时，他们首当其冲，亲身感到这个世界在缩小，距离和壁垒再也不能将异国隔离开了。

过去时代的中国读书人，在“严夷夏之大防”

的社会里度过了上千年。封闭的外壳被打破后怎么办？守旧派的办法是把脑袋钻进沙子里学鸵鸟，像慈禧太后的大学士徐桐，见到洋人就以扇遮面。就是这个徐桐，在庚子年间焚香叩请骊山老母下凡来“杀尽洋人”，结果骊山老母没有下凡，他自己的老命却白白送掉了。而林则徐和魏源则不同，提出要“师夷长技以制夷”，主张学习外国的长处，以对付外国的侵略。要学习，先得了解，于是林则徐编了《四洲志》，魏源编了《海国图志》。虽然他们未能亲身出国去考察，书的材料靠间接采辑而来，难免有许多谬误，但无论如何，地里长羊羔之类的神话毕竟不得不逐步让位给常识了。

林、魏之后，中国才开始有读书人走出国门，到欧美日本去学习、访问和工作。容闳、王韬、郭嵩焘、黄遵宪和严复等人，要算是最早的。接着出国的人渐渐多了起来，尽管其中不少是奉派而去的政府官员，但既然去了，就不会不接触近代—现代的科学文化和政治思想，也就不可能不在中国发生影响。

“走向世界丛书”专收一九一一年前国人亲历欧美和日本的记述。自从一八四〇年鸦片战争失败那时起，先进的中国人，经过千辛万苦，向西方国家寻找真理。应该说康有为和在他之前的郭嵩焘、王韬、容闳等人，的确代表了近代中国向西方寻找真理的一派人物。当然，丛书所收的，也并不全属先进的人物的作品；但总而言之这些都是中国人从东方走向西方的实录，自有其文化的意义和历史的价值。

必须指出的是：从鸦片战争到五四运动这一历史时期中，西方国家虽在许多方面比中国先进，值得中国人学习，但国家利己主义的本质，却总是要压迫剥削比他们落后的民族的。中国人走向世界、接触西方，既有一个学习外国长处的问题，又有一个抵抗外国侵略的问题，盲目排外和盲目崇外都是错误的。对于某些作品中不免流露的这类观点，我们将在为各书撰写的叙论中，适当地作些分析，供读者参考。

“洋为中用”是我们今天的主张，也是十九世纪先进的中国人的主张。“师夷长技以制夷”，不就是“洋为中用”吗？当然，随着接触和认识的逐步深入，人们慢慢地看出：仅仅学一点“长技”，搞一点坚船利炮，还是不行的；要救国，只有维新，维新行不通，就只有革命。伟大的革命先行者孙中山，用他自己的话来说，也是在一八七八年出国以后，“始见轮舟之奇、沧海之阔，自是有慕西学之心，穷天地之想”，才树立了推翻清朝建立民国的大志和信心。历史无情亦有情，后人的思想和事业肯定要超越前人，但前人的足迹总可以留作后人借鉴，先行者总是值得纪念的。

今天的世界已不是十九世纪的世界，今天的中国更不是清朝末年的中国。今日之中国，已经逐渐以现代的面貌，出现在世界的东方。但是，世界的进步越来越快，中国的经济和文化等许多方面还需要不断地发展和提高；这就必需继续打开眼界、走向世界。打开眼界以后，还要学会分析，分清好的和坏的。一切好的东西，要拿来为我所用；一切有害的东西，要实行抵制和预防。在这方面，前人的经验和教训，有一些也仍然值得我们注意。

谨将这套丛书奉献给爱好历史和文化、关心中国和世界的读者，希望它能在中国现代化的过程中，起到一点微薄的作用，是为序。

丛书凡例□

一、“走向世界丛书”一九八六年前已刊三十五种，二〇一五年起仍按原定一百种的计划继续刊行，仍然专收现代以前用文言写作的国人考察西方（含开国后的日本）的记述，仍以亲身经历、直接闻见者为限。

二、丛书按作者出国年月排列次序，尽量单行，即以一种为一册；字数过少无法单行者，才以两种或数种合订成册。合订本尽可能以类相从，按第一种出国年月排序；其各种均在封面列出书名，书脊则只列出第一种书名，并在其下注明“等几种”（另有附录者则注明“附几种”）。

三、每种（册）书前，均由编校者撰写导言（叙论），介绍作者有关背景和书中重要内容，酌加评论分析，以供读者参考。

四、丛书均经编校者校订，标点分段，并加边批。边批的内容主要包括三个方面，兹以《随使德国记》为例，举示如下：

1. 标题、提要和说明，如“星使由苏州来”、“普鲁士分一十二省”、“演八十日环游地球的故事”、“如夫人即赛金花”、“‘人工’今皆称工人”。

2. 书中较重要的译名（加括弧注出原文或今译），如“德璀琳（Detring）”、“毕驷马（俾斯麦）”、“布莱门（不来梅）”、“德利风（电话）”。

3. 原文的订正和存疑，如“‘公司船’原无船字”、“‘骁勇’原作‘骑勇’”、“‘薛福成’成字原作辰”、“奥京立斯本应是维也纳”。

五、每种书后，均附人名索引，人名依首字笔画和一丨丿丶乚排列，按年、月、日三节数字查检（正文单页码下均有年、月、日三节数字备查）。如德璀琳之“德”字为十五画，于索引“十五画”内检得其名下首列“13，8，17”，查正文“13，8，17”在P.3下，即可在P.3上找到

（光绪十三年八月）十七日“乘肩舆往拜税务司德璀琳”的记载。

六、每种书后，一般附有译名简释（今昔译名对照，必要时并加说明），亦依首字笔画和一丨丿丶乚排列。如“卜兰墩浦 Brandenburg，勃兰登堡”，又如“勺勾腊 chocolate，巧克力”。

七、人名索引和译名简释的条目，并不限于边批中所举者；边批中所举者，则必皆收入索引和简释。

八、人名索引按年、月、日三节数字查检，其原书不著年、月、日者，则按篇章序号或页码查检。

九、原文因排印（抄写）而出现的明显的文字错误径予改正，不在边批中注出。

十、原文中同一外国地名而译文不一，如缪祐孙《俄游汇编》中“彼得堡”就有“比得堡”“彼德堡”等异文，因其无碍阅读，故一仍其旧，不予统一。

十一、原文中之统计数字亦一仍其旧。有的表格中之中文或汉码数字，为方便阅读，改为阿拉伯数字。个别已经失去时效、并无参考价值的统计表格，则在说明情况后删去。

十二、丛书以简体汉字印行。除总序、凡例外，编校者所作导言（叙论）、边批、索引中涉及的数字均按现行规定采用阿拉伯数字。

叙论：一个地理学者的观察□

鄢 琨

410年，晋高僧法显从东天竺乘商船到狮子国（今斯里兰卡），记下他的见闻：

“多出珍宝珠玑。有出摩尼珠地，方可十里。王使人守护，若有采者十分取三。其国本无人民，正有鬼神及龙居之。诸国商人共市易，市易时鬼神不自现身，但出宝物，题其价直，商人则依价雇直取物。因商人来往住，故诸国人闻其土乐悉亦复来，于是遂成大国。其国和适，无冬夏之异。草木常茂，田种随人，无有时节。”（《佛国记》）

1409年，郑和下西洋也到了此地，其随从费信看到的是：

“其国地广人稠，货物各聚，亚于爪哇。国有高山，参天之耸，山顶产有青美盘石、黄鸦鹘石、青红宝石，每遇大雨，冲流山下，沙中寻拾得者。其海傍有珠帘沙，常以网取螺蚌，倾入珠池内，作烂淘珠为用而货也。海边有一盘石，上印足迹，长三尺许，常有水不干，称为先世释迦佛从翠蓝屿来登此岸，足蹑其迹，至今为圣迹也。山下有寺，称为释迦佛涅盘真身，在寺侧卧尚存，亦有舍利子在其寝处。气候常热。俗朴富饶，米谷足收。地产宝石、珍珠、龙涎、乳香，货用金、银、铜钱、青花白磁、色段、色绢之属。男女缠头，穿长衫，围单布。”（《星槎胜览·锡兰山国》）

1886年，湘人邹代钧到此登岸一游，在《西征纪程》中，不仅记下此行所见：

“至博物院。院为英人所置，多禽兽水族之类。又至佛寺，多贮贝叶经，皆梵文。寺僧贪利，争以经求售。道旁有树，结实如馒头，土人啖之充饥。土人有剃发如僧者，有剃发结辫如华人者，状类贫苦。群小儿走车旁鼓臂乞钱，而西人所居则华美。”

还记下了该地的历史、掌故、地形、气候、物产及民族、宗教等：

“锡兰，印度南海中岛。即晋法显《佛国记》、《梁书》、《新唐书》之师子国，《大唐西域记》之僧伽罗。《明史》始称为锡兰山。土人谓高山为锡兰，岛有高山，故名。”“岛南广北狭，略如三角形。南北七百七十里，东西广处四百里……美水泉，茂草木。气候多暑，然爽畅，无蕴隆瘴疠之病。”“中高四下，最高之山，曰佩特洛塔拉架瑙（在赤道北七度一分，京师偏西三十五度三十九分），高于海面八千二百八十英尺。……自九月至正月，多西北风；三月至八月，多东南风；二月风无定向。无长河，然足资灌溉。……巴克尔海峡……产珠甚多，濒水居民多习水采之。”“岛民种类凡四：曰新格利斯种，周秦之际迁自北印度乾吉思河畔，至今为最

> 繁衍，短躯干，胆小而诈弱，不任事；曰坦弥尔种……曰摩哈默种……曰法答种……。当明弘治之十八年，葡萄牙人始来据濒海地……天启初，荷兰人争夺之。我朝嘉庆元年，英吉利人复取之于荷人……遂攻灭岛酋，有全岛地……光绪七年，英置长官治之。”“旧俗专习佛教，自回教入印度，锡兰亦从而奉之。近日天主、耶稣与佛、回并传矣。”“土产加非、椰子、棉花、香木、稻米、桂皮等物。”

并对中国古籍中的有关记载作了考证：

> “《梁书》言其国：‘旧无人民，鬼神及龙居之。’其说殆不经。”“今岛中央之刊的城，即僧伽罗故城，有精舍藏佛齿。《佛国记》言：‘出佛齿供养。’《西域记》谓‘昼夜远望，光若明星’者，即此。而《西域记》附注及《明史》皆言永乐中，郑和西游，抵锡兰，破其都，虏其王，礼佛牙登舟，至京师，……果尔，则佛牙已东归上都，何至今尚存刊的？殆佛所遗者，或不一牙，抑亦好事者之伪造，非过客所敢知也。”“今刊的城南之亚当峰，石上有足迹，长五尺，相传为佛祖所遗。《佛国记》等书所言，当即此。”

虽仅匆匆一瞥，邹代钧的观察，显然比前人更细致、更准确，视野也更深、更广。

这是因为他有一双地理学者的眼睛。

邹代钧（1854—1908），字甄白、沅帆，出生在湖南新化（今属隆回）一个著名的舆地学世家。他的曾祖母吴珊瑚是舆地学家吴兰柴之女，传承家学，通晓古今舆地，所生六子受其熏陶，都攻研舆地之学。他的祖父邹汉勋曾为魏源《海国图志》绘制列国地图，并与魏源合撰

《尧典释天》。叔父邹世贻曾主编《大清一统舆图》。邹代钧自幼受家风熏陶，尽读历代舆地之书，通测绘学，二十岁即蒐辑校刊邹汉勋遗著。及至门户开放，西学东渐，魏源《海国图志》，徐继畬《瀛寰志略》先后成书，邹代钧读后，觉得欲深明外国地理，不能不亲往调查研究。光绪十二年（1886年）刘瑞芬以驻英使臣往伦敦赴任，邹代钧便托曾国荃介绍充随员同行，《西征纪程》即为他历时四十一昼夜旅行三万馀里的记录。

中国古时的读书人往往皓首穷经，却不屑对自然界的事物探一究竟。《诗经·小雅·小苑》写道“螟蛉有子，蜾蠃负之”。尽管南北朝时医家陶弘景已观察到蜾蠃是在螟蛉上产卵，卵孵化后就拿螟蛉作食物，但直至鲁迅时代，他“所遇见的前辈们都不采用此说”（见鲁迅《春末闲谈》），仍以“螟蛉义子”作教化的载体加以传颂。邹代钧承经世致用之门风，则十分重视实地考察，其观察之细致，探究之深入，不在陶弘景之下。

他介绍新嘉坡看到的槟榔、椰树：“槟榔树高五六丈，直干无旁枝，叶附干生，大如扇。其实作房，从心中出，一房数百实，如鸡子，有壳，肉满壳中，色正白。土人咀之，口流赤沫如血。椰树高数丈，亦无枝条，叶在其末，如束蒲。实大如瓠，系树头，如挂物也，外皮如胡桃核，里有肤，肤理坚密，白如雪，厚半寸，嚼之，味略似胡桃。肤中里汁升馀，清如水，甘美如勃荠，饮之愈渴，名为椰浆。取肤与汁使尽，外皮如匏，中作饮器。《吴都赋》谓‘槟榔无柯，椰叶无阴’，信然。”

对珊瑚礁岛弥尼科伊岛（在今马尔代夫群岛北部），更深究其成因：“岛东北至西南亘长约三十三四里，广不过五里。地势平衍，芦苇弥望。南嘴有灯塔，舟行望之。……西方地理学家考两群岛石质皆珊瑚结成。其说谓珊瑚乃水中小虫所造之窠，虫小不能辨视，其体柔软。石之久沉水底销化为灰者，虫借之作窠，中留小孔自容，从孔伸出吸取食物。生长繁甚，新窠从旧窠加长，新虫生旧虫死，生长不已。成珊瑚如树形，愈长愈大，久之为泥沙填渍，则为岛。出水即不加高，以虫离水则死也。或低于水面百七八十尺处，其虫亦死，于是水中礁石亦有珊瑚所成。其岛状或正圆，或椭圆，或周他岛之四外如圈然。澳大利亚之东北太平洋中有珊瑚群岛，连属三千馀里，为最广；次则来加的甫与迈尔的甫两群岛耳。又西人谓石分两大类，一曰水层石，一曰火山石。而水层石中之有生物形迹者为僵石。珊瑚岛盖亦僵石之类。”这样的记述，放在今天，也算得上科普读物了。

中国舆地之学，十分重视地理沿革的研究，邹代钧亦深谙此道。此次行程四十一昼夜，有三十昼夜是在航行船上，所见其实有限。他发挥自己专长，对所经各地的历史沿革加以考证，著录成编，弥补了所见的不足。其中，对越南、缅甸、印度、伊朗（俾路支）、意大利、法兰西、英国等与中国有更多渊源的诸国，都有较详细的介绍。

如他登陆法兰西，除记述所见外，更以五千来字的篇幅，介绍法兰西的历史、政治、军事、财政、教育、宗教、风俗、物产及山川、都邑。其中，对法国大革命及拿破仑叔侄王朝的兴衰，介绍尤详；对法国两院议事的民主制度，也有客观的描述。如叙述政府与议员的关系："国律（拿破仑所定凡二千三百馀条，颇称公允，欧洲各国多用之）：议员所议，政府不以为然者，例得遣散议员，令民再举。然议员之卓异者，必为民望，虽遣散而民复举之，政府卒莫如何，甚至有相率罢去者。故政府即数十易，而议员未尝一动。"

邹代钧熟读中国地学典籍，此行常以所见与相关典籍相印证，多有发现。例如徐继畬书中说埃塞俄比亚即《元史》中的马八尔，努比亚即《元史》中的俱兰；魏源则谓马八尔即今埃及，俱兰即今埃塞俄比亚。邹代钧过红海埃塞俄比亚海岸时，指出徐、魏都弄错了。因为《元史》记杨庭璧从泉州出海，船行三月抵锡兰，阻风乏粮，船人劝杨到马八尔，说可从陆路往俱兰；而从锡兰到埃塞俄比亚海岸远过万里，差不多等于从泉州到锡兰，岂能在阻风乏粮的情况下匆匆赶到？可见马八尔决非埃塞俄比亚，更不会是埃及。邹代钧进一步指出，印度马德拉斯邦有地名马拉巴尔，与锡兰只隔一道海峡，《元史》中的马八尔应即此地，俱兰亦应相去不远，可能即《宋史》的注辇，《明史》的小葛兰，这几个地名都是"一声之转"。言之成理，令人信服。

又如邹代钧在马赛动物园见到长颈鹿："有兽马首鹿

身牛尾，长颈，前足高于后三分之一，有二短角，西人名为吉拉夫。”吉拉夫即 Giraffe 的对音。邹代钧引《汉书》孟康曰：“桃拔，一名符拔，似鹿，长尾。”《后汉书》：“符拔，形似麟而无角。”《明史》永乐十九年，“中国周姓者往阿丹国，市得麒麟、狮子以归。麒麟前足高九尺，后足六尺，颈长丈六尺，有二短角，牛尾鹿身”。又弘治三年，“撒马尔罕贡狮子及哈剌虎”。邹代钧考订这些记载，认为哈剌虎即吉拉夫，符拔也是，孟康所说长尾应是长颈之误，《后汉书》说无角是因为角太短藏在毛内不易看出。他说《明史》记述正确，但吉拉夫就是吉拉夫，和传说的麒麟不是一回事，“谓之为麟，不亦诬乎?”

与传统的中国舆地学者不同的是，邹代钧勇于向西方学习。行前，他已遍购欧美诸国地理图册书籍，潜心研究，发现了我国地图的经纬度与地球上的实际里数不相符(即“度里相差”)。在《西征纪程》中，他常引用“泰西人纪载”、“西人古地图”、“西图”以考证各地沿革、校订地名。如记越南地舆：“前史言之颇详，但自新、旧阮以来，不无增改。今复沦于异类，图皆易以西文，展转相译，久难寻旧。白雉入贡之区，铜柱铭功之野，将泯没不可复识。爰取法兰西人所作新图，译以阮氏旧名，推算其经纬度分，附之于此。其沿革亦著大略。”又凡记航行所到之处，往往注明此即中国古籍所谓何地，更以“西人之术”经纬度标明其准确位置，以替代中国传统的“计里画方”的方法。在航程中，他观察到“西人航海远驶大洋，茫无畔岸，惟借北极出地高弧以求地之经纬，则可识船行何地。于是按之于图，以罗经辨行向，趋坦避险，舍纡就径，百无一误”。于是详细介绍其“逐日测北极高度法”的计算方法，指出“吾华古书于测度之事能详言之，但西人之术为加密耳。且多列为成表，临事稍加减，绝无布算之苦，艺以娴而益精也”。并称赞西人“测量之器，尤臻绝诣”，又详细介绍其航海所用“纪限仪”的构造、原理及使用。

邹代钧以开放的视野，潜心地理之学，为的是经世致用，报效祖国。如行经马来半岛，他慨叹其地沦为英国的殖民地：“四国旧本自主，然溺于佛、回之教，虽据可富可强之土地，而无聪明奇杰之士为之振兴，沉沦委靡，几何不底于灭亡也?”同时，对苏门答腊岛的亚齐国奋勇抵抗荷兰殖民者，则称赞有加：“使南洋诸岛国均能如亚齐之守其土宇，则泰西群雄安能不费斗粮，不遗一镞，蚕食鲸吞，坐享其利如今日也?”因此，他对西方列强侵略中国的意图，抱有强烈的警惕。他记印藏的交通，见英人所修铁路，已抵近大脊岭，马上意识到“自大脊岭逾山入藏边，仅百馀里，英之蓄意窥藏，于此可见”。

他这次随行出使，正逢英帝国欲争哲孟雄（即锡金）为印属小国，清总理各国事务衙门命刘瑞芬与英人交涉，刘召集随员商议，诸人相顾无语，独邹代钧引古证今，论述哲孟雄与西藏的历史渊源，证其不属印度，其言凿凿。刘瑞芬据以译复英外部，英外部果然无词以对。虽然终因清廷昏聩，英国还是侵占了哲孟雄，但邹代钧学以致用的初衷，也由此可见。

又如，他在论及俄国在欧洲谋取出海口，而与英国、土耳其等国的争夺时，从而联想到俄国在远东大修铁路的战略意图，即提出中国应有之对策，亦应大修铁路，以应付俄国将来之侵略。

邹代钧是纯粹的地理学者，但他对地理学以外的事物，也有一定的关注。除前述对法国两院议事制度的描述外，他还详细介绍了英国“君民共主”的立法议政、刑事诉讼等情，颇多赞赏之意。如“泰西通例：刑官非国王所得而臣，以国王有罪，刑官得而论之”，这在清朝是大逆不道之事，他却也平易叙来。

由于邹代钧对中西地理学潜心研究，均有所长，随使英俄归国后，即被荐为会典馆纂修。1891 年，由湖广总督张之洞借调至鄂，主持《湖北全省地图》编纂工作。他推广了三角测量法与经纬度表示法的运用，同时采用统一的比例尺和投影法替代了中国传统的“计里画方”的方法，推进了中国地图绘制向近代科学绘制绘制方法体系的迈进。1894 年，张之洞开设湖北译书局，邹代钧留任总海国地理编辑员，并在武昌创立舆地学会，开展舆志学术研究，培养地学人才。后虽往来京沪湘汉，服官四方，他仍坚持不懈，编绘中外总图分图一千馀幅。

邹代钧一生成就斐然。他主编的《中外舆地全图》，是我国最早的教学地图集。他在著作《上会典馆书》、《湖北地图测绘章程》中，对测天度、测地面和绘图作了详尽而缜密的论述，提出了当时适用的测绘地图的准则。他还著有《光绪湖北地纪》、《京师大学堂中国地理讲义》、《中俄界记》、《蒙古地记》、《日本地记》、《湖北全省分图》、《湖南全省分图》、《西藏全图》等，对中国近代地理学的形成和发展，起了重要的推动作用。

邹代钧西征纪程□

光绪十二年二月十三日　乘船离开上海

光绪十二年三月二十一日　至马赛登岸换乘火车

光绪十二年三月二十三日　抵达巴黎

光绪十二年三月二十五日　离开巴黎渡海至伦敦

□据光绪二十三年湖南新学书局刊本
□鄢琨校点

邹代钧西征纪程目录

12,2,12

西征纪程卷一

光绪十一年秋，天子命太常寺卿、贵池刘公瑞芬出使英吉利、俄罗斯两国，所以修好也。曾威毅伯荐余随行，于是有西征之纪。 受命出使英俄

十二年春正月，余自金陵之上海，入行辕天后宫居焉。天后宫在上海县城西北，前临吴淞江。江小而深，西达苏州，东入黄浦，往来舟楫甚多。

二月十二日庚子，与同人自行辕携装载小舟，浮吴淞入黄浦，溯洄而上，至法兰西通商之埠，登法公司轮船。少顷，钦宪刘公始至。

船名沙驾林，长二百四十尺，广三十尺，能载六千七百二十万斤。凡三层，下层载货物，中层两旁为客舍，中为前后长厅，诸人会食之所也。上层如楼，敞其四周，绕以铁栏为行廊，以供临流凭眺；中有客厅，有船主住房，有水手执事之隙地；前后均有四方而高之台，前台住舵师

以察行向，后台则畴人测日星以定地之经纬度者也。

客舍有上、次之别。总署定章，惟钦差、参赞居上舍，馀居次舍。随行出使者凡二十人，余次最末，因照章居次舍（同人为吴县潘子静志俊，独山莫仲武绳孙，阳湖余易斋思诒，江宁梅雪樵寿祺，石埭杨仁山文会，嘉定吴挹清宗濂，上海曹润甫骧，祁门洪嵩年遐昌，大兴董仙舟瀛，乌程沈裴庄金午，桐城张逊先祖翼，吴县汪子玖奎绶、胡荫菊树荣，上元方子涵培容，贵池吴子庚焯，阳湖王瀚卿文藻，上海苏治生绍良，石埭杨葵园自超，上元方香林懋熏，凡十九人）。

随使者凡二十人

置行李稍定，适曾重伯孝廉广钧招饮，因赴之。即留宿，与重伯及胡子威元仪、子正元直两拔萃作竟夜谈，至四更始就寝。

十三日辛丑，早钟六下余起，见重伯与二胡尚未醒也。不欲惊其睡，书数行留案上道远别，即行。至黄浦江上登轮船，早餐毕起碇展轮。北行十四海里，至吴淞口，入大江转而东南行，依东沙之南出大江口，入东海。又东南至马鞍群岛之东北，以海雾蔽空，不辨寻常之外，而定海之东，岛屿错列，恐不良于驶驾，或至误触，因停轮以待雾霁。西北望崇明，隐约可识。

停轮待雾霁

按：唐武德中，吴郡城东三百馀里，江面忽涌二洲，谓之东西二沙（此东沙为古东沙，在今东沙之西北）。渐积高广，渔樵者依之，遂成田庐。五代时谓之顾俊沙，杨溥改顾俊沙为崇明镇。宋天圣中，续涌一沙，与东沙接，

崇明岛之由来

12,2,13

民多徙居之，而姚、刘二姓为盛，因名姚刘沙。建中靖国初，又涌一沙于西北，相距五十馀里。以三次叠涌，故又谓之三沙。嘉定十五年，改崇明镇为天赐场，属海门县。元至元十四年，置崇明州，属扬州府。明洪武中降为县，属苏州府。弘治中改属大仓州，国朝因之。

前明防倭，尝以崇明与北岸之蓼角嘴为长江第一重门户。若今之海防，则所守不在此。缘今所防者为轮船，非水深不能行，不如帆船之处处可入也。

今海防所守不在此

江口广几二百里，崇明居中扼塞，分为南北二水道。崇明与通州之蓼角间为北水道，皆平浅沙滩，深处才十馀尺。西自崇明之东南嘴，东自海中之佘山（一名沙尾山）。又东南自佘山，东北至蓼角，其间沙亘相属，殆无隙地以阻北水道之口，故惟帆船可行，火轮巨舰从无过其地者。崇明与南汇之九团间为南水道。晚近于南水道中，又涌新沙，自西北至东南，亘百馀里，与崇明为平行势，亦名东沙。同治初，东沙上又出二小岛，于是东沙又分南水道，为南北二水道。南水道之北道口内颇深，而口门当佘山之南，迤逦皆浅沙，即西人《行海图》所谓大扬子滩者，深处不过二十尺，轮船亦未尝通行，故西人名为假水道。

崇明扼塞分二水道

长江之口虽一望无际，而能行火轮巨舰者，仅南水道中之南道耳。南道口置有镫船，以为夜行标识。口内两旁仍多浅亘，仅中通一道，广不过三四里。入口者，须西北过吴淞口至崇宝沙（南与宝山县城相对，实东沙之西北

江口仅南道可渡轮

尾也），始出东沙险。东沙之内，又狼、福两山间之沙浅，尤为难行，盖江流至江阴、靖江间而极狭，江面不过三里，过此而东江面忽增广至三十里，水势因而散缓，多停沙为浅滩。

东南自南岸之白茆司（西图曰布鲁法角），西北至北岸之假山角，相距殆百里，西人名为狼山渡。言行此道，须由东南岸乱流而至西北岸也。左右沙线密布，惟中泓一水，可通轮船，广处不过五里，狭处或仅一里。

三重江防门户

近世言江防者，咸以江阴为重地。然明险则在江阴，隐险实在狼山渡与东沙耳。窃谓江防大势，当于南汇之九团，置坚台大炮，为第一重门户；次则扼宝山城与崇宝沙，为第二重门户（吴淞口为苏淞扼要，于江防无甚关系）；次则扼狼山渡，为第三重门户。惟浅沙间有迁徙，需制铁甲炮台船，随时测水深浅，相地安置，以扼险要（按：西人铁甲炮台船有二类，一为战船，底深岸峻，奔驰于怒涛骇浪之中，用以决胜者。一为守护海岸之船，其顿力速率皆减于战船，入水特浅，能近泊海岸，与陆垒联势，此当用守护海岸之类），则虽火轮飙驰，亦难飞渡矣。要之防寇之道，与其防之于堂奥之间，不如防之于门庭之外。若至江阴，则入门庭，而及堂奥矣。且隘港浅水边，即飞弹偶有不中，而彼多顾忌，稍一不慎，即陷于沙。而来船必由之路，不过数处。平时置炮，能测量远近准数，以合驳度高低，使弹线恰中来路，则临事不至虚发。较之水深浪阔，茫无把握者，又事半而功倍矣。

铁甲炮台船分两类

论防寇之道

12,2,13

钟四下，雾稍收，乃展轮向南行。过马鞍群岛之东，又南过柳根拿岛之东，又南过渔人群岛之东。

群岛西约百里，即浙之定海。按：定海为宁波东海中岛，一名舟山，春秋时吴王所居之甬东也。唐开元中，始置翁山县。宋熙宁中，改置昌国县。高宗为金人所迫，曾航海至此。元为州，明复为县。明初，濒海郡县屡被倭患，信国公汤和巡海道，以昌国孤悬海岛，易生寇盗，乃为清野之计，徙民以墟其地。至嘉靖中，遂屡为倭所据，故唐顺之谓信国此举未必非千虑之一失。

明时舟山屡被倭患

国初，明遗臣张名振、张煌言奉鲁王据舟山，迨东南海氛既靖，始置定海厅。当时守舟山者黄斌卿，既为王朝先所破，阮骏又为陈锦所破，田雄又为郑成功所破。于是议政王大臣有舟山乃本朝弃地，守亦无用之奏。田雄亦言舟山易克难守。道光二十年，英夷犯顺，直寇定海。于是魏默深先生源又言城逼海滨，船抵城下，与台湾、琼州、崇明形势迥殊，以从古未尝置县之地，而徒贻外人之挟制。窃谓前人之说，皆谓守城。夫险要既失，兵临城下，即高深坚固，类不能守。方城为城，汉水为池，其言虽夸，其理至当。故守舟山者，其要在于扼险。但舟山群岛数十，南北断续，遥接几三百里，港汊纷歧，水道不一，非兵单力薄所能为功。然舟山不守，无论甬江之藩篱尽撤，即长江之屏蔽亦空。海疆有事，舟山实为吴越重镇（宁波之北为钱塘江口，皆浅沙，不通轮船）。当今力筹海防，势必多制铁甲兵轮，而沿海一带，又应随处择便利

守舟山在于扼险

港内宜设船坞驻兵

之地造船坞，修整机轮，命为专驻兵轮之埠。定海港内，水深澳曲，能避四方之风。若置坞专驻兵轮，则炮台必坚，兵力必厚，而海疆重镇，亦因之而固矣。

舟山一带海防形势

夷考其形势，凡可通轮船之水道，可得而言也。其舟山之南，在钱仓所嘴与六横山间曰牛鼻水道，在六横山与虾岐山间曰比克水道，在虾岐山与桃花山间曰佛能水道，在桃花山与朱家尖间曰撒拉格里水道（各水道皆西图所命之名）。四水道中，以牛鼻为难守，如钱仓所嘴、牛鼻山、梅散岛前岛、六横山之东南嘴，均宜扼之以固第一重（牛鼻山、梅散岛相距远，宜用铁甲炮台船）；次则扼六横山之西南嘴，及佛土山、梅山，以固第二重，则牛鼻水道保无虞矣；他如扼铜锣山、圆锥峰、佛能嘴（即虾岐山东嘴）、桃花山之东南角、针峰峰岛、乌沙岛、南朱家尖等处，则比克、佛能、撒拉格里三水道皆守矣。

舟山之北，以橄榄角与兰秀山间（兰秀本二山，因土人筑堤联之，遂曰兰秀山），及兰秀与岱山间两道为要，则橄榄、兰秀、岱山皆必守之地。

舟山之西，则扼鱼山、首岛以为外蔽。扼马目山、册子山、金塘山、僵人岛，以固菰茨、册子、金塘三水道。扼宝山，以固甬江口。

舟山东之沈家门、金河岛、北朱家尖间，虽有水道，轮船未能通行，可无过虑。惟东北之长涂山、渔人岛、非地由岛、大衢岛、大用岛、小羊山、大小戢山，泗礁、黄龙、马鞍等群岛，虽为孤绝之地，然轮船恒停泊其间，以

12,2,14

避风雾，亦宜收为汛地。置兵房屯戍卒，设电线通斥堠，使敌船无寄碇之处，则长江之外又晏然无惊矣（西船进长江口者，遇天气昏晦，或大风雨，必泊马鞍群岛、大戢山、小羊山，候天清浪静，然后敢入）。

凡防海之道，固重守口，而口外岛屿，尤不可忽。若平时漫不经略，视为荒秽，一旦为敌人所据，进则尽攻击之长，退则收停泊之利。大阿之柄，未免授人，似防海者所宜知也。 口外岛屿亦应驻守

十四日壬寅，船已夜过舟山。向西南行，过象山县东南海中之韭山，至石浦坛头山外大洋。

坛头山，一名石坛山，明之倭寇尝望此山收泊，嘉靖中设军哨守，今轮船亦尝于山之西南寄碇。坛头之西为牛头山，中间相距约六里，曰石浦水道。牛头之北三里曰险岛，又北三里曰东门岛，又北四五里为大地，即石浦厅。石浦之东有山，南伸入海，与东门对峙，如门然，故东门岛又名天门山。前年法兰西邀击援台师船于此，其船至今尚沉石浦港内。 援台师船沉于石浦

又西南行过黑山之东。黑山为群小岛，其西北百里为三门港，乃石浦与健跳所间口门，上承宁海县水道（为宁波、台州分界处），明代为戍守重地，今轮船亦能入口。

其牛头山西南角、金洋岛、大佛头山、生佐治岛（西图名）、台明屿（西图曰天顽岛）、桃头角，皆险要处。

过台州群岛

又西南行过大陈山之东。大陈山，西图名为台州群岛。南北两大岛对峙，东西皆小岛环列，中间水深至百尺，为收泊轮船妥处。明人纪载谓台州之山，惟大陈膏腴，且有淡水，每为倭贼所据，故防守最切。大陈之西北三十五里有竹屿，亦轮船寄泊处。竹屿之西为台州湾，湾内为海门港，一曰椒江，上通台州港口。南岸为海门卫，明代论者谓海门之防，视定海尤棘（明之定海，今之镇海也）。今椒江口外，潮退时水深仅八尺，而口内水深或至三十尺。轮船间有乘潮渡浅亘入口，溯流至台州城下者。

舟人测所在经纬度

日中，舟人测日躔过午线高弧，又以所测午正，与度时表校求时差，知所至为赤道北二十八度十六分，京师偏东五度四十八分。自上海至此行二百八十一海里（用海里求中里，为六十与二百之比）。测处当太平县东南五十里海中，松门山之东一百二十里。松门山之西大地为松门司。

又西南行过玉环厅之东。玉环本温州东北海中山，东与楚门所对峙，为楚门港。港口有鸡脐岛横塞，鸡脐南为大鹿岛，两岛间甚便轮船停泊，故守鸡脐与楚门之东南嘴、玉环之基忙嘴，为港之门户。

过温州湾外

又西南行过温州湾外，湾为瓯江入海之口。瓯水深阔，轮船往来温州城下。口外岛屿错列，其黄大岙、虎头山、河建岛、三盘山、凤皇山数处，皆为守口切要。而凤皇山之南有牛港，轮船每来收泊。又宜守大瞿岛、南策

12,2,15

岛，以清其外。

又西南行过北岐、南岐两群岛之东。两岐南北相距约四十里，均使轮船寄碇。其西为瑞安县飞云江入海之口，口门皆浅沙。

又西南行入台山洋，以台山群小岛而名也。其西北为南关港，港北为平阳县之镇下关，明为水寨，有官澳驻泊舟师。今港内深阔，甚便轮船停泊。南关港之东，曰南关澳。南关澳之东，曰北关港。扼南关港之南嘴，及镇关岛、屏峰岛，则三口皆固矣。南关港为闽浙分界处，又西南行，则入闽海矣。 南关港为闽浙分界

十五日癸卯，天将明，风起浪作，船荡摇特甚，卧厅、饭厅食具有倾倒作破碎声者。少顷，风稍平。自入闽海，则过福瑶山之东。福瑶为福宁东海中之岛，西北为流江，西南为烽火门，明代皆水塞重地。福瑶西与大地间之里山澳，及福瑶东北二十里之引考克群小岛，皆为轮船寄泊处。引考克之东，即台山群小岛也。 船行入闽海

又西南过七星群岛之东。七星之北，曰镇岛。又西南过东引山之东。镇岛与东引，均便收泊。东引，罗源县东三沙湾口外岛也。湾内水深至百尺，其湾口之双峰岛、蜘蛛岛，及南岸之北菱司嘴，皆为口门，外蔽北岸之东树山尤近，内之险要也。

又西南行过闽江口之东（闽江近世多呼为马江，以江出闽县南，中流有巨石，形如马首，故又呼为马头江）。闽江口外群岛横列，北曰长岐山，南曰马祖山，再 过闽江口之东

南曰白犬群岛，三处皆水深浪静，而闽口浅亘交错，甚碍舟行。凡西船入口者，恒于三处阻风候潮。防闽口者，北守长岐，北与北菱司嘴成蝉联之势（自长岐距北菱司嘴二十五里，中间又有马登岛）；南守白犬，西与梅花所之沙峰角，南与海坛镇遥为声援（自白犬群岛距沙峰角四十四里，距海坛六十里）；中守马祖澳，南北接应（马祖距长岐十馀里，距白犬三十里）；而闽江之屏蔽固矣。次则扼琵琶洲嘴，以固第一重门户；扼金牌角长门，以固第二重；扼闽安镇，以固第三重。无论巨舰不能入，即一叶扁舟，无由暗渡。地踞重关之险，而马江又有船坞，可以驻泊兵轮。闻甲申之役，法兰西兵船径泊于罗星塔下，无或阻者，以致乘我不备，仓卒开炮，毁师船十馀艘，数十年之经营一时灰尽。论者谓马江口内多浅沙，凡巨舰出入每候潮涨，法兰西既凭借一二师船，深入重险，苟守者得人，即师船已毁，犹当收集馀军，东扼长门，以遏出路；或下木石塞海口，将见法船之入，而不见其出矣。且《万国公法》："凡各国驻兵轮之埠，无论敌国兵船，不能任其入口；即友邦兵船有过口外，遇事须寄泊口内者，必先达来意，由本埠兵师指定处使下碇，其处必港内受炮之地。举动又甚不便者，来船或有他意，则无全理。"乃中法之失和，天下共知，尚容其兵船深入内港，是又理之不可解者。法夷既毁我师船，退而泊于马祖澳者旬日，则口外之岛，又不可不早为之备，而以资敌也。

闽江口海防形势

甲申中法马江战役

又西南行过海坛镇之东。海坛，为福清县东南海中大

12,2,15

岛，其山如坛，故名。唐为牧马地，王氏据闽，谴戍多居此。宋初，置牧马监，皇祐中，许民耕垦，户口遂繁。明初，徙民以墟其地，万历中，复置水寨。国初平郑氏，驻总兵。其东北二面，无深港大澳，惟东南之海头角与海坛角间，尚可避风。其西与大地相距，间为海坛峡。峡之南北口均小岛环列，甚有关键。峡内亦广阔，但浅深相间，水道颇隘耳。

又西南行过兴化湾之东南。湾在兴化城东，可以栖泊。湾口有南日屿，又名南匿山，明之水寨也。屿之西为南日水道，口门东西距仅数里；屿之东为兴化水道，中多小岛。万安寨之西嘴水道中之红屿、崎岖岛，相望为犄角。然防守所重在于海坛，盖海坛北可以顾闽口，南可以蔽兴化也。

明洪武中，江夏侯周德兴经理闽海，置烽火、南日、浯屿三寨于海中。正统中，迁烽火、南日于内地。景泰中，又迁浯屿于厦门。于是三寨皆为番舶所据，浸淫至嘉靖以后，祸乃大发。论者谓徙三寨，实自弃其藩篱也。夫明之防倭于拳石小岛，守之则得，弃之则失，况今之防海，祸患有百倍于倭者，于海疆各岛，岂可忽视乎哉？ 徙三寨致海防之祸

又西南行过平海湾之东南。湾之东北岸，驻平海县丞(属莆田)。

又西南行过湄州湾外。湾口之东有湄州屿，一名鯑山，宋林光朝云，湄州隔岸视之，约六七里，有田数十顷，可耕而食，盖水中可居之地也。湾之西北岸为莆禧

所，所之西为吉蓼寨。明代论兴化海防者，以吉蓼、平海、三江为要。平海即今县丞所驻，三江则兴化湾之内港也。今湄州湾内可停泊，口外有乌丘小岛，上置灯塔。

又西南行过小岞港外。港之北嘴曰古来角，南嘴曰大岞角。大岞之西为崇武所，亦明代防倭处。

泉州港

又西南行过泉州之晋江口外。晋江，西图曰泉州港。其东北岸即崇武所，与西南岸祥芝角相对为港口，约三十里。港中有大坠、小坠二岛，及西南岸之日湖嘴，皆扼要处。然仅能停泊港口。晋江水浅，轮船未尝至泉州城下。泉州东与台湾北境相对。自泉州港至台北之竹堑杜海口，约四百里。

台湾，自古不通中国。《宋史》谓澎湖东有毗舍那国，或言即此。明代称为东番，又名为北港。嘉靖中，海贼林道乾窜踞其地，旋为琉球人所逐。天启中，日本人得之于琉球。迨荷兰人经略南洋群岛，遂取台湾于日本。国初，郑成功复取之于荷兰。康熙二十二年，始收入版图。

论台湾之不可弃

当日廷议，有谓其孤悬海外，欲弃之而守澎湖者。惟靖海侯施琅言："澎湖为漳泉门户，台湾为澎湖唇齿，无台湾则唇亡齿寒。不特澎湖可虑，漳泉亦可忧也。且台湾地大物博，可富可强，可战可守，弃之则不归土番，不归琉球，不归日本，而必归于荷兰。恃其楼船火器，又得形胜膏沃，是借寇兵，而资盗饷。"论者谓靖海之言，为深识远虑。迩年，日本、法兰西先后犯之，故朝廷移巡抚于台湾，拨总兵于澎湖，以形控制。

12,2,15

澎湖在台湾西二百里。隋开皇中，遣虎贲陈棱略澎湖地。元末，始置巡司。明初废之，万历中复设兵守险为重地，天启后亦没入荷兰。今华盖峰之西北嘴，尚有荷兰炮台，盖其旧迹。前人载籍均谓澎湖三十六岛，巨细相间云。

又西南行过深沪湾之东南。湾北嘴为永宁所，南嘴为深沪巡司，皆明之戍守处。

又西南行过围头澳之东南。澳北通安溪县，东岸为围头角，西岸为金门镇，口门相距约二十里。门之西有北定岛，矗出水面，置灯塔。

又西南行过金门镇与厦门厅之南。金门，为同安县东南海中岛，旧曰浯州屿，明初筑城为金门千户所。厦门岛，亦在同安县南海中，旧又名嘉禾屿，明初筑城为中左千户所。天启二年，荷兰犯厦门，总兵徐一鸣守距却之。国初，郑成功据金、厦为巢穴。康熙十九年，康亲王督师入闽，郑经始弃金、厦归台湾。朝廷于是驻同知于厦门，驻县丞于金门，复驻总兵焉。

金、厦两岛，相距二十一里。港中峙小金门岛，东至金门之塔嘴，西至厦门之西南嘴，均不及十里，实为金、厦口门切要。小金门之西南，为大担、小担。又西南为浯屿，即明设水寨处。又西南为大武山东南嘴，即抵大地数处，接递相望，又为厦门与大武山间水道之关楗。金、厦两岛之外口东北即围头角，西南为镇海城，东南之镇海角。镇海角之东南海中，有堂岛，亦置灯塔，与东北之北 金门厦门两岛定岛，为东西两路夜入厦门之表也。

自厦门东南至澎湖之马公港，约四百里，为澎湖至内地最近处，故由澎湖渡台者，率自厦门放洋。

日中，舟人测日躔高弧，又校求时差，知所至为赤道北二十四度六分，京师偏东一度四十七分。自昨午至此，行三百二十九海里。测处在堂岛南约十五六里。望堂岛与小金门为正北，金门为北偏东，厦门为北偏西。

过漳州虎头澳

又西南行过漳州之虎头澳外。虎头澳，西图名为浮头湾，漳浦城外南溪入海之口也。水浅，西船不能入口。澳南有群小岛，西人呼为礼是岛，似即前志所谓石城屿，言海中乱石丛杂，望若城壁者。今群岛间水道，西人亦呼为礼是门，言群山环绕如门也。其中深处，西船亦尝寄泊。

又西南行过铜山港外。港为云霄县漳江入海之口。港之东岸为古雷寨，即明之鼓雷巡司，西岸为铜山营城，即明之铜山所，相距不过十里。口外数十里有群小岛，曰兄弟岛，船海者指为表识。

闽粤分界处浅澳

又西南行过南澎群岛之南。南澎北当诏安湾，湾口东嘴为诏安头。其北有大冒山，山下为宋末陆秀夫奉帝昺泊舟处。西嘴为悬钟寨，即明之元钟千户所也。口门相距约十里，中有高岛、方岛列峙。诏安湾西为浅澳，口门甚隘，闽、粤分界处也。

又西南行过南澳镇之南，则入粤海矣。南澳，为潮州饶平县东南海中岛，旧多居民，明初徙民入内地，嘉靖中遂为倭夷所据。其后，海寇吴平、许朝光等，亦窟穴其

12,2,15

间。万历中，始屯重兵。国朝驻总兵焉。南澳之北为柘林
澳，乃黄冈溪入海之口，在明亦为戍守地，今皆浅沙。南 戍守重地南澳
澳东北之吴平塞，对北岸鸡母汛南之陈旗头，相距十五六里，为南澳港之东口。南澳西之长山尾，对西近澄海岸之大莱芜岛，相距亦十五六里，为南岸港之西口。西口内，有小岛曰侍郎洲，其东南可泊轮船。

又西南行过汕头之南。汕头，本澄海县西南市镇，即
明之鮀浦。南临马屿港，港之南为达豪营，港之西为浔洄 过汕头之南
汇。汇西北受玉窖水，北受韩江，南通练江，东自马屿港入于海港，水深泓，能容泊巨舰，西人利之。自通商以来，汕头遂为繁盛阛阓。港口有小岛，曰马屿，距南北岸均不过三里，横塞中流，为防守要地。按：韩江出福建之汀州，曰汀江，入潮州境，始曰韩江，因退之驱鳄鱼而名。其入海之口，分为数道，其最北者，曰旗头港；迤南曰飞钱港；再南曰大洲港，曰蓬子港，曰北港（以上各港均在南澳西口内入海），曰南港；转而迤西曰金狮猴港；再西曰新港，港口南对马屿；再西曰东港，则由汕头之西流入浔洄汇者也。皆浅沙，轮船未尝出入。达豪营之东南嘴曰广澳角，东北望南澳之长尾山，西南对海门所南之海门角，亦临海形胜。

又西南行过海门所之南。所属潮阳县，西临练江入海之口，明代戍守。今水浅，仅通帆船。

又西南行过石牌澳之南。石牌，在惠来县东南。澳东北为靖海所，澳北山势迤逦，临海之嘴有灯塔。

又西南行过神泉所之南。所临神泉港口。明代海寇出没，嘉靖中筑城屯兵。

过甲子所

又西南行过甲子所南。所为惠州陆丰县地，临甲子门水。传闻海口大石壁立，上下各有六十甲子字，故名。宋帝昺自闽航海，曾驻此。其东南为甲子角，角西有澳，便轮船停泊。甲子所之西为湖东炮台，据临海山巅，望之如华盖，甚易辨识，航海者恒以为准。

自日昳后，船行稍缓，以当泊香港，计程不值，竟夜行，若夜半抵口，畏险不便驶入，特缓机轮以俟天明耳。

过碣石镇

十六日甲辰，船夜过湖东。又西南行，过碣石镇之南。碣石在陆丰东，南临海明，为碣石卫，今驻总兵。镇南为浅澳角（亦曰田尾角），西对海丰东南之石狮头嘴（亦曰白沙角），相距约三十里，为碣石湾口门。湾内承大德港、乌墩港，皆北通陆丰城下。乌墩东南为金箱汛，又东南为崎石汛，皆背倚山麓，前临大海。自崎石迤南至浅澳，为寄泊轮船之处。石狮头之西南为遮浪角，东望浅澳，西连捷胜，甚得形便。

又西南行过捷胜所之南。所为碣石镇右营驻处。其南海中，有龟龄群屿，最大者曰山羊岛，岛西便泊轮船。

过红海湾

又西南行过红海湾之南。湾内有红海岛，岛北为长沙港，东北通海丰城下。港口又名丽江浦。文信国败于空坑，走惠州，出海丰，次于丽江浦，即其处也。长沙港之东南，为汕尾港。港口北岸，驻墩白县丞。市舶亦尝聚集。

12,2,16

又西南行过平海所之南。平海属归善明，为千户所，今驻水师营。其东南伸入海中之角，曰大星表（西图曰富克角）。角西北为平海湾，轮船便于寄泊。大星表与西南海中之面陀萨岛，相距约七八里。平海湾之西北有大湾，曰霞浦（西图曰白耶士湾）。湾内有数小岛，南北中亘。湾之东岸为碧甲乡，其北有范和港（西图曰范罗港），即文信国驻军之涌船澳也。湾之西岸，为广州西安县之大鹏所，驻大鹏协左营并县丞。所之南为东山村，村西南临海之角曰大鹏角，东南临海之角曰溪跻角。溪跻南六里海中为沱泞岛，东对面陀萨岛，相距约三十里，为霞浦湾之外口。湾内中亘，最南之岛曰三管笔，西对东山村之鹿嘴。三管笔之东有倍德岛，东对碧甲乡之牛头卡嘴，四处蝉递，相距远者，不过十里，又为霞浦湾之内口。

霞浦湾地形

又西南行过大鹏海之南。大鹏海东北岸即大鹏所，其西南岸为大鹏协所驻之九龙汛，四山环绕，中间水深岸峭，为停泊胜地。而西岸又有沥源港，口门甚狭，口内能容万艘，水深至八十尺。大鹏海口西曰凤头，东即大鹏角，相距约十七八里，其间复有独牛洲中矗。若于口门择便地筑坚台、置大炮，修船坞于沥源港内，以为粤海常驻兵轮之埠，有事之时，西可与虎门相应。又于霞浦湾等处开置商埠，接埠安铁路，西达广州，以运出入口货物，使香港、澳门之商务尽萃于霞浦，则英、葡等国当废然思反矣。

宜于霞浦通商

又西南行过九柱群小岛之南。群岛峙列海中，如九柱

过九柱群小岛

然，故名。九柱之北有海港，港内岛屿错杂，其金岛、贵岛南北相接，中分港为二，东曰石头港，西曰避风港。石头口门曰小钦门，广约三里，避风口门曰大钦门，广约六里，均便轮船寄泊。二港之北为鮀铲山，即沥源港南岸地。九柱之西为南佛堂岛（西图曰东龙岛）。岛北对鳅鱼湾南嘴，仅半里许，水甚浅，为佛堂门；南对香港之大龙角，约五里，为大东门，由东南入香港水道也。

泊维多利亚港

余船至南佛堂之南，转而西北行，入大东门，过南佛堂之西，又西北入鲤鱼门，至英吉利埠北，泊焉（英人名此埠曰“维克多利亚”，盖以其女主之名名之）。自昨午至此，行二百六十海里。

香港岛与大屿山

香港，本广州新安县南海中岛，旧为红炉汛驻地。英吉利埠在岛之北偏西，北对九龙汛南之尖沙嘴，为侯官林文忠公则徐剿夷处。其东即鲤鱼门，乃香港之东北嘴，与九龙东南之棺档山相对，而为门者也。两山夹峙，中通水道，仅里许；门以内，广阔数十倍之；西至尖沙嘴南而复隘。其西为大屿山，乃大鹏协右营汛地，广袤过于香港。其东北角，北与大地屯门汛岸相间，仅三里许，曰急水门。急水之东为马鞍岛，又东为青衣潭岛，两岛间为鸡踏门，亦西北通急水，是自香港西北达广州之水道也。大屿与香港二岛间，为南了水道，因近香港西南隅有南了岛而名。水道隘处十八里，其中有坪洲、校椅洲，颇形控制，是自香港西南至老万山南而出大洋之水道也。

香港，海道四达，高山环绕，中泓深阔，水波不作。

12,2,16

自海禁既弛，西船来广州贸易者，率于入口之先，出口之后，在此寄泊。

道光十九年，英吉利贩鸦片流毒中土，宣宗成皇帝轸念小民疾苦，特简林文忠来粤督防海事，严禁鸦片入口。群夷震慑，报缴零丁洋趸船囤贮之鸦片二百数十万斤。公临虎门验收，尽焚之。旋定贩鸦片新律，以图善后。而英吉利领事义律不具生死甘结，朝廷以英夷自外生成，停其贸易。义律竟招来孟加拉兵船，屡犯虎门。我兵均击却之。夷船泊尖沙嘴，为负隅计。公复遣将进剿，始仓皇遁去。公以尖沙嘴及嘴北之官涌，均重地，乃奏置炮台，屯兵守望。又谓广东虎门海口为中路扼要之区，于嘉庆十五年设水师提督驻其地，西则香山，东则大鹏，形成两翼。

林则徐虎门销烟

于香港虎门设驻兵营

香山向驻副将，辖两营，额兵一千七百九名，兵力转厚。大鹏原止一营，设参将，所辖洋面四百馀里，其中有孤悬洋面之大屿山，广袤一百六十馀里。道光十年，分大鹏为两营，而额兵仍九百九十八名之数，较之香山营制已有轩轾。且所辖尖沙嘴洋面，近年更为夷船所聚泊。于是，奏改澄海协副将为大鹏协副将，移驻大鹏所辖之九龙山；而以大鹏参将移置澄海，添设大鹏额兵五百名。而大鹏声势遂与香山相埒，而防守益固矣。

按：广州口外（即牂牁江入海之口，亦曰西江，又曰珠江），群岛罗列。老万山以南为外洋，北为内洋。而老万山一带，岛屿虽多，形势散漫，论其险要，则应以大屿山西南角，西对香山之望厦汛，为第一重口门。但口门

析广州口外海防部署

相距约五十里，复无浅沙之险，非岸炮所能扼。又应守大屿西南之榕树头岛、三角岛，及望厦南海中之九澳岛、大小横琴山，以为口门犄角。而大屿东北，又宜西南扼坪洲、校椅洲，东北扼仰船洲、青衣沄，以固急水门。次则以新安县城西南临海之赤湾嘴与零丁岛（岛之西南曰零丁洋，文信国为元兵所执，有“零丁洋里叹零丁”之句，即此），及香山县东南海中之淇澳，为第二重。次则以虎门厅东南之沙角，及南沙山之大角头，为第三重。次则大虎岛居中扼要，而以东岸之南山炮台，西岸之巩固炮台，及中流之南北横档，为大虎外蔽。

零丁洋

当日林公筹防，虽力薄不能守外口，而沙角、横档、虎门诸险则布置周密，无罅可乘。又以重兵西驻望厦，以清澳门之奸；东扼九龙，以保尖沙之险。夷船进不能攻，退无所泊，于是迁其狂焰于浙之舟山。若当时海疆大吏，悉能以公之守粤者守其土地，则英吉利虽强，不难俯首就款。乃卒为忌者所中伤，使公不竟其功，代者悉撤公所设防，以速和议。夷船遂横行海上，广州几于不守。后之通夷情、识夷务者，遂专以割土地、输金币为事，而大局竟委靡至今日未尝挽救。有心人所为大息痛恨而不能已者也。

林则徐布防守粤

撤防议和割地赔款

道光二十二年，英吉利请香港为通商地，当事以弹丸荒岛不足惜，朝廷亦欲息兵鸠民，遂与之，故香港至今为英吉利地。埠市南倚山麓，随山势高低为屋，望之千门万户，上下层叠，繁盛殆亚上海。

英租借香港通商

12,2,17

十七日乙巳，舟停香港。自入粤海以来，天气渐暖。在闽海犹着重绵，今仅服单罗，仍嫌溽暑。饭后与同人唤小舟，南登英埠。街路整洁，长衢夹巷相望，亦有华式坊肆错列其间。寻登小埠，望峰巅有竿，所以表风向者。西人测峰高于海面一千八百二十五英尺，为岛最高处。北望尖沙嘴，上有西人之房。嘴之东角有砌石为堤如方塘者数区，云英吉利制造轮船之坞也。

船停香港登岸游历

英人当日所请者，仅香港一岛，对岸九龙山一带尺地皆属版舆。咸丰十年春，英人始入租赁九龙。是年九月，与英人续增条约，竟割与之。按：九龙与香港间水道，实闽、粤往来要路，一有阻梗，为害方甚。公法：凡两国阻水为界者，其水道为两国所共。若一国跨水据两岸地，则水道属之一国。香港虽入于英，而水道之利，我与英实共之。至九龙亦为英有，则片土之有无不足惜，水道之阻滞为可虞。

九龙亦被英据

日暮，归船。考香港东西二十六里，南北广处至十六里，容积为方里者二百五十二。其最高峰在岛之西偏，以为定点，在赤道北二十二度十六分，京师偏西二度十六分。人民约二十万，欧罗巴与亚美利加两洲之人共不过二十分之一。英吉利置长官治之，兼提督兵事。又置刑官，则不隶于长官者也。其通商之货出口者，为丝、为茶，吾华之产也；进口者，为象牙、为鸦片，印度之产也。光绪十年，商册出口货值英金一百又五万二千三百又二磅（每英金一磅约合库平银四两），进口货值英金三百二十

清末现贸易逆差

一万八千九百四十六磅，两相较，吾华岁出之赀多于岁入为两倍过之，商务凋敝，于此可见。泰西各国讲求商务，免出口货税，惟恐其不轻，加进口货税，惟恐其不重，所以使土货畅销，而妨客货之侵灌也。吾华或反其术而行，岂收回利权之道哉？

自香港西北至番禺城下二百四十里，小轮船通行仅半日程；西南绕大屿之南，老万山群岛之北，渡零丁洋至澳门一百四十里。香港与澳门，实东西踞广州口门地。

入黄道下，阳威特炽炎热，蒸海气为云，尝栖山岫，一遇凉风，即成暑雨。崇朝之间，晴雨屡见。

十八日丙午，舟发香港，向西南行过绿岛之西，校椅洲之东。又南行出南丫水道，过南丫、长洲两岛间。又南行至丹杆群岛之西北外，零丁岛之东南。转而西南行过鸡澎群岛之西北，老万山之南，入大洋。

老万山，旧名大奚山。前志谓："环列三十六屿，周回三百馀里，民居以渔、盐为生。"宋庆元中，知广州钱之望平私盐之乱，墟其地，后生息复繁。明初，有万姓者统其众，至今名为老万山。

又西南行过大小横琴、三灶两山之南。两山在澳门南海中。澳门，在香山县南一百三十馀里，东西南三面环海，惟北与大地连，不绝如颈。狭处设有关闸，屯兵防守。关外为望厦汛，汛南则为澳境。自望厦汛西南至海隅，长七里，广处二里。前明万历中，法兰西人筑城室于此，旋弃之去。明季葡萄牙人以历法闻于中朝，徐尚书光

葡人占据澳门

12,2,18

启奏用其法，并居其人于澳门。于是相沿呼澳门为大西洋国，以葡萄牙濒大西洋故名之。自是，泰西人来华者，率以澳门为东道。今日腥膻几遍宇内，滥觞实自澳门。葡人岁入地租银五百两，由香山县征收，自明至今不绝。所入虽薄，而名分所存，正不可废（十三年，当事以葡人代收洋药税，竟割澳门与葡）。

横琴东曰九澳，北曰舵尾，九澳北曰大拔（亦曰鸡头沄仔），四岛为十字门，轮船停泊甚妥处。又大拔之东北，澳门之东南，有下碇处，曰沙沥。沙沥东北即零丁洋也。横琴西角曰磨千角，西与三灶东角大环山对峙，为宽河口门，相距约十二里，有鹤洲中矗。宽河，西江入海之支流也，亦名黑沙洋。水颇深，上游为二支，东支经香山县城东北达广州城下，西支即北通西江者。磨千角之东北曰井澳，宋末张世杰奉帝昺遇飓风处也。

又西南行过高阑村、黄竹洲两岛之南。两岛在新会县南海中。两岛北，小岛尚多，其稍大者曰竹篙尾、文弯山，最北与大地近者曰崖山，张世杰以为天险，因奉帝昺居此。崖山东港曰虎跳门，西港曰崖门，即张世杰与张弘范战处。 张世杰据崖山

又西南行过上川、下川两山之南。两山在新宁县南海中。上川北至大地广海寨（有主簿）约三十里，下川北至海晏汛约十馀里，两山间相距亦十馀里，皆饶香蜡、竹藤之利。前志谓上川石山，下川土山，居民旧以贾海为业。前明洪武中，海寇钟福泉挟倭船寇海晏，官军讨平

之，徙二山民入内地，遂成荒壤，至今生齿复盛。下川之西有小岛曰莽洲，莽洲西北大地即大澳县丞驻所。

大澳县丞驻所

又西南行过海陵山之南。海陵，为肇庆阳江县南海中大岛，山高千馀尺，旧名罗洲，又曰罗岛。北距大地十馀里，居民颇繁。张世杰既败崖山，将西趋占城，复谋入广，回舟舣此，飓风作，取瓣香祝天赴海处也。明置巡司，为防海重地。东北当北津港，西南望双鱼角。北津为漠阳江入海口，上通阳江城下；双鱼角为双鱼港入海口，上通双鱼县丞驻所，均浅水，不通轮船。海陵东有三小岛，南北列矗曰大镬、中镬、小镬，高均三百馀尺，望之如伏釜，故以镬名。三镬东有南蓬山，高七百馀尺。

又西南行，去粤岸渐远。以船当南出琼州之东，不复西南，循电白、吴川一带行也。

十九日丁未，舟夜过高、雷之东，而至于琼州之东。西望七洲洋山在数里外。七洲洋一名七里山，又名浮丘山，在琼州文昌县东北大海中，七岛罗列。前志言：林木茂密，下出淡泉。西图名为大雅群岛，均弹丸拳石。其北岛高于海面六百四十英尺，为群岛之卓。自群岛西至文昌县之加定角，约四十馀里。加定角之西北为海南嘴，北对徐闻县之博平湾，约六十四里，为琼、雷间海峡东口。海南嘴之西南为新港，又西为琼州府城。府北十里曰海口港，北对徐闻之海安港，仅三十馀里，为北渡津要。又西为澄迈县，又西为石礶港。石礶西北嘴，北对徐闻之关滘尾四十五里，为雷、琼间海峡西口。又西北大地为廉州、

海南岛地貌

12,2,19

钦州，西接越南之东京，故所临海名东京湾。

琼州虽孤悬海中，而幅员颇大，约方七百里。古为雕题、离耳二国。汉武平南越，始置珠崖、儋耳二郡。元帝罢之。三国吴复置珠崖郡。晋省入合浦郡。梁复置崖州及珠崖郡。唐置崖、儋、振、琼四州。宋以后，皆为琼州。明升为府，今仍之。

山中有种族曰黎，粗犷类内地之生苗、台湾之生番。定安县西南之五指山，实黎人老巢，内为生黎，外为熟黎，故又名黎母山。山之最高顶去海面六千馀尺，峰巅尝在云雾中，久晴则见翠镴浮半空，其下犹洪濛不辨也。唐乾封中，黎母山贼陷琼州；贞元中，始复其地。元至元中，黎叛，阔里吉思等讨平之，勒石五指山。明嘉靖中，亦尝大举兵毁其巢穴。然至今未靖，时复蠢动。 黎族聚居五指山

议者以山据琼、崖、儋、万之间，自古荒秽未辟，人迹罕至，屡经荡平而叛乱寻起；宜于削平之际，集军民之力，跨山开十字大路，大约北自府城，南达崖州，西自儋州，东至万州，使四路交达，深僻山洞化为通衢；又度中建城，量地置堡，以屯兵食，则无黎患矣。

窃谓开路，诚靖黎至计，而尤赖慎选守土吏，假以兵力，使之久于其任。广学校，宣教化，不服者则济之以威，荒陋之区自不难渐入彬雅。开矿藏，勤树艺，于濒海形便之地筑廛肆、立商埠，联以铁路通火车，则富强之业可以坐致，何黎叛之足虞？

且海口港西至越南之海防，仅海路七百馀里。越南既 琼州岛为西南屏障

没于法，钦、廉与之接壤，防守固不容稍懈。而琼州南在海中，北与高、廉递属，形胜扼要，实为西南屏蔽。

考雷、琼间海峡，海口港外及澄迈之北，均便大轮船停泊，无风涛浅隘之患，应择便地为船坞，常驻铁甲炮台船及兵轮快船数艘，一旦有事，北可为钦、廉之声援，西可阻河内之出路。夷船或内犯者，惧琼海水师游击归路，必不敢越琼州而径东也。

越南富良江（上游即云南之元江）入海之口，支港以数十，其大而著者在北，曰涂山，海口入广安海防之路也；曰大平，海口入海东之路也。在南为咸子关口，即富良江正流，西图名为生开江者，则入南定达兴安、达河内之路也。汉马援讨征侧，缘海而进。唐高骈复安南，亦自海道而前。前明嘉靖中，仇鸾讨莫登庸，钦州知州林希元言莫氏所恃者，惟都斋耳，其地濒海，淤涂十馀里，舟不得泊。计以为王城不支，即守都斋，都斋不支，即奔海上耳。若以东莞、琼海之师助占城击其南，贼不得奔矣；以福建之师航海出枝封河，湖广之师出钦州与合，都斋无巢穴矣；当时置不问。按：都斋即海阳，当为今之海防，枝封河在海东之东，亦富良江支港之一。则自古谋安南者，莫不以海道进兵为要，若交阯旧疆恢复有期，借水师之力正多。是琼海屯练兵船，尤为当今不可少之举。

应设水师驻扎海南

又南行入七洲洋。水深，色苍黑如漆，遇风浪恶，甚于他处，舟行苦之。

又南行过文昌江口之东。江西通文昌县城下。又南行

12,2,20

过会同县之东。又南行过乐会县之东。又南行过万州之东南。

日中，舟人测日躔高弧，又校求时差，知所至为赤道北十八度九分，京师偏西五度四分。自香港至此，行三百海里。测处西北至万州岸二百一十四里，东南二百馀里。海中有巴拉塞尔群小岛，小者仅拳石，弯环散列海面，约方二百里。岛上仅生草木，中间亦有寄碇处，即《海国闻见录》所谓千里石塘。 千里石塘

又西南行过陵水湾之东南，巴拉塞尔之西北。陵水湾，陵水县所临之海也。

又西南行，去琼州渐远，不复依中国海岸矣。

二十日戊申，船出东京湾，南过顺化之东。顺化，本越南国都。城临顺化河，东北流三十里，至通安口入海。口南为长岛，自西北至东南约六十里。岛之北嘴与北岸对，即通安口门；南嘴与南岸对，为陀弥口门，两口广均不过一里。长岛西与大地间为顺化港，港西北逾通安口。又西北达广治城下，转而东北，通海。陀弥口外曰陀弥湾，湾南约六十里为杜兰湾，湾口南北对峙，两山如门，湾内水深至六十尺。 船出东京湾过顺化

又南行过广南之东。广南城临海港，港东至海安入海，又北通杜兰湾，南达基安湾。海安口外有岛，曰山屿，西人名为珊珂罗岛。

又南行过广义之东。广义城临佛河，河东流十馀里入海。至此，去岸愈近，时见渔舟出没。

又南行过归仁之东。归仁城南临高堤河，河东流，复转而南流入海。口门山东西峙，嵯峨甚隘。

又南行过富安之东。富安城北二十馀里有富安山，东临海。山之东北有狭地，南斗入海，名阶英巴嘴。嘴上山与富安山东西对峙，中广三四里，水深至四十尺，能容泊巨艘。

日中，舟人测日躔高弧，又校求时差，知所至为赤道北十二度五十四分，京师偏西六度五十六分。自昨午至此，行三百三十海里。测处西距富安城南一百一十里，之法里拉角仅十三四里。法里拉角西南有狭地，南斗入海，长五六十里。狭地之西成海湾，曰杭海赫湾，湾内水深至八十馀尺。视狭地如障风之堤，亦停泊胜地也。湾口有岛，曰考岛。

过广和城之东

又南行过广和之东。广和城东距海约三十五六里。近岸有岛，曰德里。德里之北，为丙刊海湾。广和南七十馀里有刊阑海湾，口东南向，夹山甚隘如门，口内能容泊巨艘。

又南行过芳澜海湾之东。

又南行过倍达陇角之东，转而西南行，过拉冈角之南。倍达陇、拉冈两角间为海湾，湾口有数小岛，内便停泊。

又西南行过平顺之南。平顺城临谅河，河东南流十馀里入海。海口曰芳梨湾，迤西南曰圭俄角，其间亦便停泊。闻法兰西人谓倍达陇一带，为东方极好船埠，拟置坞

12,2,20

为驻泊水师之处。芳梨湾东南百馀里海中，有塞塞岛。又南为克特围群小岛，《海国闻见录》所谓“大小二山，屹立澎湃，山产佳果，幽寂无人迹，神龙所宅之昆仑”，殆即此。船出塞塞岛北，再西，则入南圻海疆矣。

越南古属中国

越南，《虞书》为南交，《王制》为交阯。秦为象郡，秦末属南越。汉平南越，置交阯、九真、日南三郡，隶交州刺史。后汉末，日南郡没入林邑国。三国吴仍置日南郡（仅羁縻故郡之北境，晋以后皆然），又增置新昌、武平、九德，为六郡，交州刺史始治交阯郡龙编县。宋增置宋平、宋寿，为八郡，而宋寿属越州。齐又增置宋昌，为九郡。梁于交阯等郡置交、爱、德等州，兼置交州都督府。隋废州存郡。唐时州郡增损不一，约为交、武峨、峰、爱、长、欢、汤七州，隶交管经略。懿宗咸通中，为南诏所陷，高骈旋攻克之，始置静海军于安南。唐末，曲承裕据其地。五代，南汉刘龚灭曲承氏，以其将李进守之，旋为吴权所据。数传后请命于南汉，南汉以为静海军节度史兼安南都护。

宋初越南始为异域

宋初，部人丁部领灭吴氏，据之。开宝六年内附，八年封交阯郡王，都交州，即今之河内，号为东都者也。于是交阯遂为异域。嗣后有黎桓者篡丁氏，闽人李公蕴篡黎氏，陈日照篡李氏，附元，封为安南国王。

明朝重并越南

明初，为胡季犛所篡。陈氏旧臣，有走阙下乞师者，而老挝复传送陈天平来朝，诏送天平归国。季犛袭杀天平及使者，于是新城侯张辅、西平侯沐晟督师讨安南，平之。置交阯承宣布政使司，领府十八，州三。

成祖永乐十五年，召张辅等还，寇孽黎利遂叛，官军不能讨。宣德初，黎利请抚，乃封利为安南国王，分国为十三路。正德中，酋目莫登庸逐黎氏而夺其国，朝廷遣军讨之。登庸请奉职贡，于镇南关受登庸降。废勿王，以为安南都统使。改十三路为十三宣抚司，隶广西藩司。命黎氏遗裔居来州漆马江。万历初，漆马江党渐强，黎维潭举兵逐莫氏，复国。遣使款关输贡，诏以维潭为都统使。而莫氏之居高平者，令如漆马江故事。国朝康熙五年，黎维禧缴所受明桂王敕印，诏封安南国王。高平莫元清亦受都统使职。黎、莫屡构兵。十三年，维禧乘吴三桂叛云南，遂攻取高平。于是安南尽归黎氏。

黎氏起兵立国

黎氏复国，实赖旧臣郑氏、阮氏之力，故郑、阮世为辅政。既而郑、阮争国柄，郑氏乘阮氏孤幼，出之于富春，即今顺化，西图名为呼艾者也。阮氏遂据其地，号广南王，世与郑氏仇。至黎维褍之世，郑氏有不臣之心，忌广南而未发也，乃诱广南土酋阮光平攻灭广南王。而光平复自立顺化，以抗郑氏。乾隆五十一年，郑氏内乱，光平以兵灭之，专国政。寻复灭黎氏王，毁王宫，迁子女、玉帛于顺化，以兵守东都。黎氏旧臣诣阙求救，命广西、云南两路进兵。两广总督孙公士毅克东都，旋以师老不备，光平举倾国兵来争，孙公走镇南关，亡师徒大半。光平自知贾祸，乃叩关谢罪乞降，且言广南立国逾数世，非黎氏臣。上许之，光平遂以顺化为国都。

郑阮国柄之争

12,2,20

黎氏甥阮福映者，旧封农耐（即禄柰），号旧阮，而别光平父子为新阮。嘉庆四年，旧阮以暹罗兵攻取顺化，灭新阮。遣使陈为黎氏复仇状，又言："光平父子，遣乌艚船为寇，闽、粤之奸。"上遂听福映得国。福映自言："农耐，本古越裳地。乞以越南名国。"诏封越南国王。于是越南疆域，兼古占城、真腊之地。

占城，唐以前为林邑国，即秦象郡之林邑县。今为广和城，亦曰衙庄者也。汉改林邑为象林县，属日南郡。汉末，邑人区连乘中原丧乱，杀县令，称林邑王，此为有林邑国之始。后世或入贡，或自帝其国，中国未尝羁縻之。晋初，区氏嗣绝，外孙范熊继立，林邑遂世为范氏。隋仁寿末，遣刘方攻破林邑，诏分其地为荡、农、冲三州，寻改为比景、海阴、林邑三郡。隋乱，故王范梵志复王其地。唐贞观中，范氏嗣绝。至德中，国人立范氏戚诸葛地，更号环王。元和初，入寇欢、爱等州，安南都护张丹击破之，遂弃林邑，南徙于占，号占城国。今之平顺城，亦即阮福映所封之农耐是也。五代及宋，常遣使入贡。淳熙中，袭破真腊。庆元中，真腊大举复仇，俘杀几尽，更立真腊人为王。元至元间内附。寻复叛去，屡以重兵临之，终无顺志。明初，遣使入贡，诏封占城国王。明末，黎维潭复国，恃其胜兵，并占城而有之，置四道于其地。

越南各政权之演变

占城国

真腊在占城西南，今为西贡等城及柬埔寨地。隋大业中始通中国，《唐书》又名吉篾国。神龙以后，国分为二，南近海，多陂泽，为水真腊；北多山阜，为陆真腊；

真腊国

后复合为一，并扶南而有之，其国遂大。宋宣和初，册封真腊国王。庆元中，破占城，以真腊人王之，为属国，于是有占腊之名。宋、元之间，扶南故地立暹、罗斛二国，而占城亦自立，真腊之境土复旧。终明之世，入贡不绝。《明史》言其国自称甘孛智，后讹为甘破蔗。万历后，又改为柬埔寨。近人所译，或名为干波底亚，皆一音之转耳。乾隆中，阮光平起广南，既据安南，复并柬埔寨南境，古所谓水真腊者。置六道于其地，合占城四道，为南圻十道。

按：泰西人纪载言阮光平之方幼也，国内乱（光平本土酋，此所谓国，盖指其本部落），出走海岛，与法兰西传天主教人阿特兰善。阿特兰为乞师于法，光平遂得复国。既而王广南，灭郑、黎，取真腊，多得法军之力。于是感阿特兰之德，处之西贡，而传教之徒遂盛。阮福映既兴，厌传教人，稍稍抑之。咸丰七年，乘中原有粤逆之乱，不暇顾边事也，诸传教人遂引法兵犯越南，围西贡不下。至同治二年，法兵不解，越人始割所置水真腊六道请和，西贡遂为法有。而北之陆真腊，尚自号柬埔寨，以蒙真腊遗业。六年，法人以计诱柬埔寨为属国，复东侵及占城。

同光年间越陷于法

同、光之间，法、越立约，以北圻之海防、南圻之广和为各国互市之埠，而吾华不问也。光绪九年，法、越交兵，越不敌，乃为顺化之约，阮氏孱王竟附于法。明年，越之东、西两都尽陷于法矣。数千年奉王化被圣教之区，

12,2,21

一旦而沦没为天主夷国。履霜坚冰，其来有渐。阮光平之罪，岂擢发所能罄？但光平竖子，乌知远虑，其乞怜求援，似不足深责。

论越南之存亡，当明其治乱；欲明其治乱，当于郡县藩封辨之。宋以前为郡县，未尝大乱，即乱不旋踵而削平。宋以后为藩封，篡弑频仍，风飚云扰，讫无宁宇。前明尽数十万众之力，仅能郡县；复为叛者所据，浸淫至于今日。委靡积弱，卒底灭亡！作探源之论，不能不归咎于宋开宝无经远之略，徒欺人孤儿寡妇以取天下，苟且羁縻，图旦夕安，以玉斧画大渡河自囿。可见南炎海徼，智力固不能及也。

论越南之存亡

闻泰西公法，凡为人属之国，例不能与外国立约，及通使聘问。盖为人所属，即为人臣，亦春秋人臣无外交之义。南圻六道之割，吾华以粤乱不克问，至再立互市约，吾华苟执公法责法人以属地通商，当与吾华立约，不应与越人立约，未必不能挽回万一。闻迩来又听高丽与各国立约，未识终保无事否？今之当道，称为老成持重者，莫不以孤注为戒。每遇边衅，辄弥缝以图省事，不知西方各国，即弱小与强大争论，往往相持至数十年不决，而未尝启兵端。盖争之虽力，持之虽坚，而玉帛雍容，不轻决裂。卒求合公法而后已，强邻所以不敢轻视而生无厌之念也。泰西人谓吾华辖属国之权甚虚，又轻于弃地，殆近之。

应重视泰西公法

二十一日己酉，船西南至西贡河口外，转而北行入口，过森占美斯角之西。角三面临海，为口门，东岸其山高于海面六百馀尺，顶有灯塔。

又北行过丰都之西。丰都南联森占美斯，东倚山麓，西临海湾，市肆数十家，北有炮台，盖西贡第一重守险处。

又西北行过纽伊之西。纽伊南倚山，北临浅水海湾，有小水东北自巴里亚来注之。丰都与纽伊均有淡水，航海者恒于此取汲。自森占美斯至纽伊，虽海面弥望，然西岸皆浅沙，水道薄近东岸，广不过七八里。

又西北行。水面有灯塔，所以识西岸浅沙之东界也。自灯塔北望，有数水自北来注。船绕灯塔之东北向西北行，过干吉阿之北，江面至此顿狭，两岸南北距不过四五里。干吉阿有炮台，盖西贡第二重守险处。

又西北行，西岸有灯塔，东岸有水自东北来会。船过灯塔，复北行，江面不过一二里。两岸低洼，水与地平，丰草长林，青葱无际。间有居民，皆结茅为屋，状甚贫窭，颜色黝黑，椎髻不剪发，衣宽博。

又转而西行，北岸有二水来会，盖西贡河之分支，名为东西莽冈河者。

又西南行，转而西北行，南岸分数支流，南流入于海。

又北行，转而东行，转而北行，转而西北行，过莽冈河分支处。

又西北行，西南岸有分支，南流入于海。

12,2,21

又北行至西贡。东南二十四里有东奈河，东北出广和西山之西麓，西南流入真腊境，过边和城之西南，又南流来会，约行八百里。

又西北溯洄西贡河曲，曲行至西贡，泊焉。自昨午至此，行二百八十五海里。西贡河出柬埔寨境，南流经西贡城之东，又东南流与东奈河会，约行三百里。二水既会，又东南流一百三十里入海。入海处分十数支流，而水深能通火轮海舶者，仅一道耳。西支有数横港，西通澜沧江。 行至西贡

西贡，即南圻十道之嘉定，一名柴棍。元周达观《真腊风土记》言属郡九十馀，中有曰雉棍者，即此。盖雉棍、柴棍、西贡皆一声之转。近人或以西贡为《宋书》之区粟城，然《宋书》言："元和中，檀和之自朱吾戍进围林邑，将范扶龙于区粟城。"又《水经注》云："林邑兵器战具，悉在区粟城。"是区粟当与林邑近，应在占城之北，而西贡在占城之西南，去林邑太远。且檀和之不应越林邑、占城，而进围区粟也。

同治二年，法兰西既得越南之南圻六道，名之曰科琛采兰（译音，中国交阯也）。分二十小部，东西五百七十里，南北五百里，为方里者十九万三千七百四十，民口一百六十三万九千七百七十七。地北近柬埔寨，为原阜；南近海，多陂泽。所产有棉花、烟叶、甘蔗，凡有用之材木颇多，而以稻米为尤盛。法人以西贡为会城，置长官治之。

西贡东临西贡河，南北均有小港。临北港处有方里之

城，盖嘉定旧城也。迤南三四里抵南港，皆西人市肆。中有天文台，所以测中曜定子午者。

余船泊南港口之南。午刻，与同人登岸。见市埠土人最多，华人次之，法人为最少。以法俗不喜轻去乡里，故居此者寥寥。吾华之寄寓大都皆闽、广人，至长子孙，而衣冠风俗皆守旧。又有种族曰马来隅者，来自南洋群岛，面色黧黑尤甚，鲜知识，多游荡无业，其类甚繁，散布南洋诸岛及西南各国，西人役使之。西贡有火轮车栈及铁路，往来火车甚少，以铁路仅通本埠，未远达故耳。日昳归船。

西贡所居之种族

考光绪十一年，西贡进口货值英金四百三十四万八千磅，出口货值英金三百四十一万六千磅，岁税英金一百一十三万九千三百二十磅。《比来西报》云，法人于河内海防等处，去岁所收关税及新旧捐款，搜括无遗，仅得英金五十六万磅。所费军饷、官俸，及兴造宫室之用，约计英金一百七十六万磅，不敷至一百二十万磅。而西贡所收仅敷西贡之用，此一百二十万磅，皆须法京筹补。既耗饷需于前，复增津贴于后，法之议院甚病之。是其贪婪蚕食，亦只自弊。

西贡税收入不敷出

按：越南地舆，前史言之颇详，但自新、旧阮以来，不无增改。今复沦于异类，图皆易以西文，展转相译，久难寻旧。白雉入贡之区，铜柱铭功之野，将泯没不可复识。爰取法兰西人所作新图，译以阮氏旧名，推算其经纬度分，附之于此。其沿革亦著大略。

12,2,21 越南地舆

顺化（赤道北十六度二十九分，京师偏西八度五十三分，即新、旧阮国都。一曰富春，一曰西京，一曰南京承天府，西人名为呼艾。汉为九真郡地，唐为武峨州地，明永乐中为顺化府，宣德后为顺化承政司）。

上为国都。

广南（赤道北十五度五十三分，京师偏西八度十三分。汉为九真郡地，唐为武峨州地，明永乐中为升华府，宣德后为顺化承政司地。《明一统志》："广南承政司在顺化北。"今广南在顺化南，盖非旧广南）。

广义（赤道北十五度七分，京师偏西七度四十一分。汉为九真、日南二郡地，唐为武峨州地，明永乐中为升华府地，宣德后为顺化承政司地）。

上为右圻二道。

广治（赤道北十六度四十六分，京师偏西九度十六分。汉为九真郡，三国吴为九德郡，隋、唐为欢州，明永乐中为乂安府，宣德后为广南承政司。相传为古越裳氏国，然嘉庆中，阮福映所言越裳则在农耐）。

广平（赤道北十七度二十八分，京师偏西九度五十一分。汉为九真郡地，三国吴为九德郡地，隋、唐为欢州地，明永乐中为乂安府地，宣德后为广南承政司地）。

上为左圻二道。

河内（赤道北二十一度一分，京师偏西十度五十六分。一曰东京，盖新阮以前国都。汉为交阯郡治，唐为交州治，又曰安南都护府，又曰镇南都护府，又曰安南府， 旧都河内 (Ha Noi)

明永乐中为交州府治）。

上为旧都。

兴安（赤道北二十度三十八分，京师偏西十度二十四分。汉为交阯郡地；唐为交州地；明永乐中为奉化、建平二府地，宣德后为山南承政司地）。

南定（赤道北二十度二十六分，京师偏西十度十八分。汉为交阯郡地；唐为交州地；明永乐中为镇蛮、建昌二府地，宣德后为山南承政司地）。

宁平（赤道北二十度十五分，京师偏西十度二十分。汉为交阯郡地；唐为爱州地；明永乐中为清化府地，宣德后为清华承政司）。

清华（赤道北十九度五十一分，京师偏西十度三十七分。汉为九真郡；唐为爱州；明永乐中为清化府，宣德后为清华承政司）。

乂安（赤道北十八度四十二分，京师偏西十度四十五分。汉为九真郡地；唐为长州地；明永乐中为新平府，宣德后为乂安承政司地）。

河静（赤道北十八度二十四分，京师偏西十度三十四分。汉为九真郡地；三国吴为九德郡地；唐为欢州地；明永乐中为演州，宣德后为乂安承政司）。

海东（赤道北二十度五十六分，京师偏西十度九分。汉为交阯郡地；唐为交州地；明永乐中为交州府地，宣德后为安邦承政司）。

海防（赤道北二十度五十分，京师偏西九度四十七

12,2,21

分。汉为合浦郡地；唐为岩州地；明永乐中为新安府，宣德后为海阳承政司）。

广安（赤道北二十度五十七分，京师偏西九度四十分。汉为合浦郡地；唐为岩州地；明永乐中为新安府地，宣德后为海阳承政司地）。

北宁（赤道北二十一度十六分，京师偏西十度二十四分。汉为交阯郡地；唐为交州府地；明永乐中为北江府治及谅江府地，宣德后为京北承政司）。

谅山（赤道北二十一度四十九分，京师偏西九度三十七分。汉为交阯郡地；唐为汤州；宋为广源州地，即侬智高据之作乱者；明永乐中为谅山府，宣德后为谅山承政司）。

大原（赤道北二十一度三十四分，京师偏西十度三十五分。汉为交阯郡地；三国吴为新昌郡；唐为峰州；明永乐中为大原府，宣德后为大原承政司）。

高平（赤道北二十二度三十一分，京师偏西十度十八分。汉为交阯郡地；三国吴为新昌郡地；唐为峰州地；明永乐中为大原府地，宣德后为大原承政司地）。

兴化（赤道北二十一度十四分，京师偏西十一度八分。汉为交阯郡地；三国吴为武平郡地；唐为交州地；明永乐中为广威州，宣德后为兴化承政司）。

山西（赤道北二十一度八分，京师偏西十度五十一分。汉为交阯郡地；三国吴为武平、交阯二郡地；唐为交州地；明永乐中为三江、归化二府，嘉兴一州地，宣德后为山西承政司）。

宣光（赤道北二十一度五十四分，京师偏西十一度十三分。汉为交阯郡地；三国吴为新昌郡地；唐为峰州地；明永乐中为宣化府，宣德后为宣光承政司）。

北圻十六道

上为北圻十六道。

归仁（赤道北十三度五十三分，京师偏西七度二十一分。汉为日南郡地；汉以后为林邑国地；唐以后为占城国地）。

富安（赤道北十三度十九分，京师偏西七度十四分。汉为日南郡地；汉以后为林邑国地；唐以后为占城国地）。

广和（赤道北十二度十七分，京师偏西七度二十七分。一曰衙庄，又曰卫庄。汉为日南郡之象林县；汉以后为林邑国都；唐以后为占城国地。汉马援铜柱当在广和之南）。

平顺（赤道北十一度十四分，京师偏西七度五十四分。周为越裳氏地；汉日南郡境似未抵此，殆为西屠夷国地；汉以后为林邑国地；唐以后为占城国地）。

边和（赤道北十度五十七分，京师偏西九度三十七分。古为水真腊地）。

嘉定（赤道北十度四十六分，京师偏西九度四十五分。古为水真腊地）。

定详（赤道北十度三十三分，京师偏西十度三分。古为水真腊地）。

12,2,21

安江（赤道北十度二十一分，京师偏西十度十四分。一曰面当。古为水真腊地）。

永隆（赤道北十度十五分，京师偏西十度三十分。古为水真腊地）。

河仙（赤道北十度二十三分，京师偏西十一度五十九分。古为水真腊地）。

上为南圻十道。 南圻十道

西征纪程卷二

澜沧江即湄公河

二十二日庚辰，舟发西贡，向东南行，出口转而西南行，经澜沧江口之东。澜沧江，源出卫地之北山，东南流经喀木境，又东南流经云南境，又南流经老挝境，又南流经暹罗东境，又南流经柬埔寨境。柬埔寨濒江两岸地每岁夏初水涨汛滥，所至禾遂大熟，土人因呼其地为谷仓。澜沧江又南流，至西贡之西南分为数支流入海，约行七千里。西人呼为湄公河。永隆、安江两城均临江岸，而海口浅沙淤塞，且水亦灌入西贡河，惟西贡河能行轮船，商务遂萃于西贡。

又南行过康道耳群岛之东。康道耳有二岛，东西对峙。西岛数倍大于东岛，自东北至西南长约三十里，广约七八里，殆《海国闻见录》所谓大真屿、小真屿者。北距澜沧江口约百六十里，亦属法兰西。

又南行过烂泥尾之东。烂泥尾为南圻六道极南之嘴，

12,2,22

西图名为柬埔寨嘴。

又南行过暹罗海湾口之东。湾北为暹罗国。暹罗，唐以前曰扶南国。三国吴黄武中，始遣使通吴。唐贞观以后，并于真腊。宋、元间，有暹人、罗斛人，各立国于扶南故地。暹土瘠，不宜耕艺；罗斛土地平衍而多稼，暹人岁仰给之。元至正间，暹降于罗斛，自是为暹罗斛国。前明永乐中，始曰暹罗。乾隆中，暹罗为缅甸所灭，其遗臣郑昭旋复国，子华嗣立，受册封。 过暹罗（泰国）

西南三国，均为国家藩属，而越南则四年两贡，缅甸则十年一贡，暹罗则三年一贡，著有明文，载在礼部者。

暹罗产米，富谷甲乎南洋。康熙以来，岁运洋米数十万石，以济闽、粤民食。道光中，以免税不利粤海关，故关吏阴挠之，始则售米不许置货，继则置货不许免税，于是观望不前。

闻近日为王者，非复郑氏子孙，故朝贡久不至。且与泰西立约，遣公使驻各国，是居然列于自主之邦。在圣朝，抚绥四夷，初无利其尺土一民之心，来则厚以怀柔，去亦不加羁绊，使果能自主。未始非西南之屏蔽，较之他族，处此当自有辨。然法兰西据其东，英吉利逼其西，介乎两强之间，保无唇亡齿寒之虑否？

其国有大河，曰湄南。源出国之西北，与缅甸交界山中。南流约千五百里，入暹罗海湾。都城曰曼谷，在湄南河东岸。南至海口，约五六十里，轮船往来，贸易颇盛。湄南河每夏涨黄水，两岸地所得利与柬埔寨之澜沧江同。 湄南河西人因呼湄南为暹罗尼罗河。尼罗河者，阿非利加洲埃及国大水也。春夏间，河水盛涨，平畴得水者辄大熟。水均能粪田，故以其名名湄南。

暹罗北界云南徼外之老挝，八百等土司。西南三国，缅、越皆与中国接壤，惟暹罗尚悬隔也。地南北约千五六百里，东西约千七八百里，为方里者二百三十五万一千九暹罗国情 百三十二。民口约五百七十五万，三分之，暹人居其一，老挝人居其一，华人与马来隅人居其一。俗怠惰不振，奉佛教，浮屠寺塔遍国内。有正副二王，王位传子择贤，不必立长。王权甚大，小民每苦官司虐政。通国分四十一部(部名不详)，兵士二千人，火轮兵船十二号。曼谷光绪十一年进口货值英金一百一十三万八千三百三十八磅，出口货值英金一百五十七万二千七百八十八磅。

又明人《四夷考》谓暹罗即古赤土国地。按：《隋书》“赤土国，扶南别种，在南海中”，又云“北距大海”。凡南徼之地，北距大海者，非海岛不可。是赤土实为岛国，非暹罗明甚。观常骏王君政所经地望准之，赤土当在南洋群岛中，殆即今之婆罗洲。杜佑《通典》：“崖州直南，水行便风，十馀日到赤土国。”今婆罗洲，正直崖州之南，命为赤土，或不大谬。

二十三日辛巳，船行暹罗湾口。湾北岸为暹罗，东岸为柬埔寨及河仙镇、烂泥尾，西岸为马来隅。湾内海面几方千里。《晋书》言：“扶南，西去林邑三千馀里，在海大湾中。”《梁书》亦言：“扶南，在日南郡之南海西大湾

12,2,23

中。”均指此湾而言。

日中，舟人测日躔高弧，又校求时差，知所至为赤道北四度二十九分，京师偏西十一度。自西贡至此，行三百四十四海里。测处西至马来隅丁加罗南六十里之彻拉丁河口约四百里，东至大那突拿岛之北嘴约五百五十里，南至安南巴群岛约二百四十里。 丁加罗（登嘉楼）

安南巴群岛，在赤道北三度，京师偏西十度。数十岛罗列海面，几二百里。大者约方十里，小者仅拳石。

大那突拿岛，在赤道北四度，京师偏西八度。岛南北约百二十里，东西约六十里。其山高于海面一千八百九十英尺，环以小岛数十。准其地望，似即《海国闻见录》之茶盘岛。其南稍东约二百里，为南突拿群岛，大小十数，大者不过方十里，此数群岛均属荷兰。西南隶于苏门答剌长官。

马来隅者，暹罗、缅甸两国南斗入海中之峡也（峡地三面环水，如登莱类者，西人名为班宁苏拉）。以马来隅种人居之，故以名峡。南北长二千八百里，东西广处仅六百里。《梁书》：“顿逊国在海崎上，地方千里，城去海十里。有五王并羁，属扶南。”《通典》：“顿逊国，梁时闻焉。在海崎上，北去扶南可三千里。”前人谓顿逊，即满剌加等国，则《梁书》、《通典》所谓海崎，即指马来隅峡。今峡北纬十度以北之地，东为暹罗境，西为英吉利缅甸境。迤南部落以十数。曰赤仔，在赤道北九度（约四十一分），京师偏西十七度（约二十二分），东至海约 马来半岛三十里。曰六昆，在赤仔东南四五百里，东至海二三十里，东南百里许有海港，南通宋腒朥；宋腒朥，《海录》作宋卡，在六昆东南约四百里，东北临海口，为估舶聚集之处；口内西北为汇，北通六昆东南之港，汇东之地名为坦塔兰岛。曰巴坦尼，即《海录》之大呢，在宋腒朥东南约百里，北临海，其东百里许有嘴，曰巴坦尼嘴，东与烂泥尾相距约七八百里，为暹罗湾口。曰吉兰丹，在巴坦尼东南二三百里，临吉兰丹河，东北至海口约二十里。曰丁加罗，在吉兰丹之东南约三百里；其北二百里，有市镇曰特林干鲁，人民颇繁阜。

马来各部落

《明史》："万历间，柔佛酋好构兵邻国，丁机宜、彭亨屡被其患。"是丁机宜实与彭亨、柔佛近，今丁加罗与二国相接，其即丁机宜无疑，翻译声转稍异耳。而魏先生源，徐中丞畬均以丁机宜为苏门答剌岛东南之班加岛，然班加岛与彭亨、柔佛悬绝，不得谓为邻国，似不如以丁加罗当之为允。

曰彭亨在丁加罗之南二三百里，临彭亨河入海之口。《明史》又作彭坑。洪武、永乐中，尝遣使入贡。此皆马来隅峡东岸部落。丁加罗以北诸部均暹罗藩属，彭亨为自主部落。

船又西南行过安南巴群岛之西，彭亨河口之东。

多瑀岛（刁曼岛）

又西南行过多瑀岛之东。岛在彭亨之东南海中，南北长约三十里，广半之。山高于海面三千四百英尺。岛西大地为布拉两嘴。嘴北有英都河入海之口，盖彭亨南境。

12,2,24

又西南行过白门吉尔、亚尔两小岛之东。二岛皆小于多璘，高均千馀英尺。

白门吉尔（帕芒吉尔岛）

又西南行过柔佛之东。柔佛，为马来隅峡南岸之部落，在彭亨东南三四百里。境土东西南三面临海，亦称自主。

二十四日壬午，船向西南行入新嘉坡海峡，即《海录》所谓白石口，口门广约四十里。北岸为罗马尼亚嘴，柔佛之东南境也；南岸为本定岛，岛东西八十馀里，南北七十馀里而阙，其西南隅为海湾，甚便停泊，有市埠曰里俄，亦商务繁盛之区。

本定岛（宾坦岛）

又西行过柔佛河口之南，巴丹岛之北。柔佛河北出柔佛国内地之琛门冬山，南流至新嘉坡岛之东北入海，内口水深至三十尺。巴丹岛在本定岛之西，广狭约方四十里。

巴丹岛（巴淡岛）

又西北行至新嘉坡埠泊焉。自昨午至此，行二百三十六海里。

马来隅与苏门答剌岛间海峡（即新嘉坡海峡），其东南口（即白石口）群岛丛列，而以本定、巴丹二岛为大，二岛间曰里俄海峡，盖东南达里俄埠者。巴丹西南为布林岛，其间曰狭海峡。布林西南为占波尔岛，其间曰占波尔海峡。占波尔西为苏齐岛，其间曰苏齐海峡。苏齐西南为谋罗岛，其间曰谋罗海峡。谋罗西为萨邦岛，其间曰都林海峡。萨邦西为苏门答剌岛岸，其间为浅沙，巨舰不能通行。诸海峡以里俄、都林为最广。里俄约广十六七里，都林约广二十五六里。凡此，均由新嘉坡南达苏门答剌东海之路。诸岛外，小岛尚多，以琐屑不详纪。诸岛均属荷兰，隶于苏门答剌长官。

新嘉坡，旧本柔佛国南海中小岛。柔佛仅见于《明史》，盖亦占顿逊之地。颜斯综《南洋蠡测》云：“新嘉坡有华人坟，墓碑载梁朝年号，及宋代‘淳熙’。”是华人之旅居此者，实始六朝。嘉庆二十四年，英吉利人以新嘉坡为南洋西北门户，因入赀于柔佛以购之，立廛肆，开船埠，减货税，以招商旅。西、南两洋之估船麇集，渐成阛阓。然其时仅为印度通南洋必由之路，泰西船东来者，率绕道于阿非利加洲之好望角，经印度洋之南，入苏门答剌岛与噶留巴岛间之巽他峡（《唐书·地理志·海道》：“所谓海峡，南北百里，北岸则罗越国，南岸则佛逝国。”即指此峡），即分诣各处，不必尽至新嘉坡也。自同治中法兰西人沟通红海、地中海之水道，于是泰西商船多北由新嘉坡，不复迂道于巽他峡，而新嘉坡之陇断遂为西南洋第一。

新嘉坡概况

岛东西七十二里，南北四十里，为方里者二千三百又七。东西南三面环海，东北隅对柔佛河入海之口。口门有三小岛东西列。自口门之西有港绕新嘉坡岛北，西北去复转而西南至岛西达海，名曰老港。广约三四里，水深能行巨舰，所以隔岛与柔佛大地相绝也。柔佛王所居，南临老港。英吉利廛肆在岛之南稍东，临海街衢绵亘，自东北至西南，约七八里。以廛肆为定处，在赤道北一度十八分，京师偏西十二度三十四分。气候暑甚，而茂林罨霭，海风

12,2,24

新嘉坡华人最多

荡漾，尚不至蕴隆。民口十五万，华人约十万，为最多，马来隅种人二万馀，印的亚种人一万馀，欧罗巴人仅二三千。印的亚种人，土人也，其状貌、知识略同马来隅种。英吉利置长官驻此，兼辖满剌加、槟榔屿。守兵不满千，有兵官统之。又置刑官。光绪十年，三处进口货值英金二百六十三万二千八百七十二磅，出口货值英金四百六十一万二千四百一十四磅。华人居此者，闽籍居其七，粤籍居其三，多拥厚赀为富贾，置产业传子孙，英人岁税之。其衣冠、语言、礼仪、风俗，尚守华制。惜文教未兴，子弟之聪俊者皆入西塾，通西文《圣经》，贤传竟不与目。

光绪三年，吾华置领事官治华商事，遥隶于驻英使者，而华领事之权未能牟于他国领事。以他国领事实兼满剌加、槟榔屿两埠事，华领事则仅及新嘉坡本埠，且多窒碍。盖华民既多，英人忌华官号令之，故每阻挠。窃谓权之有无，领事官势难与争。若纠集吾民之富者，谕以大义，劝之出资以广义学，置经史有用书，延名师教子弟，使明圣贤大道及古今利病，然后分别性情所近，遣就西学，以取西人之长。领事官岁时课其勤惰，艺学果精进，或博通时务学有专门者，均请于上官，予以出身。迨人才既众，则尺寸之地虽为英据，而庶富且教之民皆吾有也。自强之基，胥在于是，何暇与争区区之权哉？且教学之事，必不至启英人之疑，要在有心者为之也。

游胡氏花园

旋登岸，往游胡氏花园。园为胡植所辟，广方数里，亭榭林木均精雅，奇禽异兽、琼花瑶草，多生平所未睹。

胡植，广东人，本富商。吾华初置领事官，即以植充之。植死，始易今领事左秉隆也。游览未遍，以解缆在即，遂疾驰归船。

道旁广种槟榔椰树

道旁多槟榔、椰树。槟榔树高五六丈，直干无旁枝，叶附干生，大如扇。其实作房，从心中出，一房数百实，如鸡子，有壳，肉满壳中，色正白。土人咀之，口流赤沫如血。椰树高数丈，亦无枝条，叶在其末，如束蒲。实大如瓠，系树头，如挂物也，外皮如胡桃核，里有肤，肤理坚密，白如雪，厚半寸，嚼之，味略似胡桃。肤中里汁升馀，清如水，甘美如勃荠，饮之愈渴，名为椰浆。取肤与汁使尽，外皮如匏，中作饮器。《吴都赋》谓“槟榔无柯，椰叶无阴”，信然。

俄见群儿乘刳木小舟，环轮船仰呼，若有所求者。舟人以小银钱掷水中，群儿随钱入水，取钱出，无或遗。苏长公《赠吴彦律序》云：“南方多没人，日与水居也。七岁而能涉，十岁而能浮，十五而能没矣。”今群儿玩水若鱼鳖，殆所谓没人者欤？

晚钟五下，舟发新嘉坡。展轮向南行，至森约翰群小岛之南，转而西南行，入门峡。峡北岸森约翰岛与南岸巴丁岛对，距约十二三里。森约翰北距新嘉坡岛南嘴，巴丁南距巴丹岛西北嘴，均不过十馀里，中间复小岛相属。

又西南行过巴尼岛之南。自巴尼东北至森约翰西北，至新嘉坡岛西南嘴中铺，岛屿罗列。巴尼之南，有小岛置灯塔。船过灯塔，转而西北行，过老港西口之南。

12,2,25

又西行过都林水道之北。

又西行过柔佛西南境布鲁斯嘴之西南。布鲁斯嘴，西南对小克里木岛，为口门，广约三十里。小克里木之西南为大克里木，又南为萨邦岛，相距均不过十里。都林等南通各水道，均在此口之东，故此口为马来隅海峡最要处。

又西北行出口，则距两岸渐阔。

二十五日癸未，船自布鲁斯口西北行，过比桑岛西南。岛有灯塔。

又西北行过法摩萨河口之南。其南岸为附苏门答剌之班加里斯岛。

又西北行过马尔河口之西南。河东北自柔佛之龙加西南流入海。

又西北行过满剌加之西南。顾亭林谓，满剌加即古哥罗富沙。汉时常通中国，后属顿逊。自暹罗立国，复役属于暹罗。明永乐中，其王遣使入贡，寻率妻子朝京师。郑和出使西洋，复册封为满剌加国王。《明史》言："成化以后，满剌加为佛郎机所灭。嗣后商舶希至，多直诣苏门答剌。"西人《地志》云："今之满剌加城，明正德四年筑。自建此城，而商务顿衰。"《四裔年表》言："嘉靖八年，葡萄牙人立埠于满剌加。"按：正德、嘉靖均在成化后，所谓"商务顿衰"，与《明史》"商舶希至"亦合，惟《明史》之佛郎机，当为葡萄牙之误。盖明人仅知西方有佛郎机，故凡泰西人，率以佛郎机目之，如吕宋本西班牙人所据，《明史》亦言佛郎机，是也。乾隆中，荷兰 过满剌加（马六甲）

人复夺满剌加于葡人。道光五年，英吉利人以所据苏门答剌岛之邦古连、门多克二埠，与荷人易满剌加，而满剌加遂归于英，隶之于新嘉坡长官。本埠有议会，治其事。

地东南界柔佛，西北界沙剌我。西北至东南百二十里，东北至西南九十里，为方里者五千五百三十八。民口九万九千。华民多寄寓、置田园者。地产金沙、马口铁、稻米、香木、牲畜之类。海岸堑峭，城据满剌加河入海之口。

又西北行过林吉河之西南。河北自松吉，南流来入海。河口为满剌加、沙剌我交界处。松吉，则沙剌我之别部也。

又西北行过鲁库特河口之西。其西南近苏门答剌岛，岸有沙浅，西图名为南沙，即《瀛寰志略》之红毛浅。

又西北行过吉陇河口之西南。吉陇河，东北出大山中，西南流过吉陇镇之北，又西南流入海。海口有长岛，分河流为二，均深泓，轮船可上溯至吉陇镇。闻吉陇产锡，十年前，华人之寓满剌加等处者，利其矿，聚众开采。沙剌我国王阻之，华众与之战，胜。英吉利人乘华人之胜，遂置官驻吉陇，以法部勒华人。华人安之，而矿业亦盛。

吉陇镇（吉隆坡）产锡

又西北行过北沙之西。北沙为近东岸浅沙，盖对南沙而称也。北沙东岸为沙剌我河入海之口。沙剌我王所居之城，在河口之南。沙剌我，本自主部落。光绪元年，以吉陇之役，沙剌我亦属于英吉利矣。其山水清佳，土产亦

12,2,25

富。疆域为方里者二万五千，而民口不满五万，故内地悉为旷野。

日中，舟人测日躔高弧，又校求时差，知所至为赤道北三度二十九分，京师偏西十六度八分。自新嘉坡至此，行二百五十五海里。测处东北至柏南河口一百二十里，西至苏门答剌岛之巴剌一百五十里。

柏南河口为卑力国境。河出卑力东南山中，西流过柏南镇之南，又西流入海。 卑力（霹雳）

又西北行。东西望，有两小岛在缥缈间，相距约百里。东岛曰雅拉，高于海面五百英尺；西岛曰法律拉，高于海面六百英尺；均不过方三里。雅拉之东，为卑力河入海之口。河北出吉德国境，南流经卑力境，又转而西流入海，计行六百里。马来隅峡之河，以此为最长。卑力河口之北五十里，为丁丁河入海之口。口外有小岛，亦曰丁丁，又名班科尔岛，与丁丁河口两岸地皆为英人所据。丁丁口之北百馀里有埠，曰威尔得，西临海港，便停泊，亦卑力名埠。 吉德（吉打）

卑力本自主部落，疆域为方里者六万六千七百又五，民口十三万，土地肥沃多山，产锡及金钢石。光绪初，华人往采锡矿，英吉利人亦为之置官，如吉陇，而卑力亦役属于英，如沙剌我焉。

威尔得之西北约百里为威勒斯勒，其西去岸约七八里海中，有岛曰槟榔屿，旧皆吉德国地。乾隆五十年，英人取槟榔屿；嘉庆五年，英人复取威勒斯勒；置议会治之， 槟榔屿（Pinang）

而隶于新嘉坡长官。疆域为方里者八百九十六，民口六万二千，多华民。其商业与新嘉坡略等。土肥饶，林木茂密，产丁香、加非、百果，民多煮果为糖。会城曰朝治敦，在槟榔屿之东，临海峡。威勒斯勒之东与北，皆吉德地。吉德为暹罗藩部，东当巴坦尼。其会城南至威勒斯勒境约二百里。凡此皆马来隅峡西岸部落。

彭亨、柔佛、沙剌我、卑力四国中倚山，东西南临海。壤地均为上腴，物产丰盈。西人名其地为奥非亚，译言物产极多也。

满剌加之东北有山亦名奥非亚，同取物产极多之意。山高于海面三千八百四十英尺。《续文献通考》言："九州山与满剌加邻，产沉香。明永乐中，郑和奉使谕诸番，遣官兵入山采香，得径八九尺、长六七丈者六株。"今奥非亚山与满剌加近，产香木亦多，殆即九州山。

四国旧本自主，然溺于佛、回之教，虽据可富可强之土地，而无聪明奇杰之士为之振兴，沉沦委靡，几何不底于灭亡也？沙、卑两部已明属于英吉利，彭、柔亦暗托英之宇下，虽各有君长，衣租食税而已。

船出两岛间，转近苏门答剌岛，向西北行。

二十六日甲申，船西北行过德里河口之东北。河出苏门答剌岛中大山，东北流至德里城（德里，近人或译为

巴拉温岛（勿拉湾岛）

日里）之西北入海。海口有巴拉温岛，分河为二。西支水深，轮船便于停泊，故德里商务颇盛。寄寓多华民，荷兰人虐待之。德里东北对威尔得。

12,2,26

又西北行过兰开特之东北。

又西北行过兰克萨河口之东北。口外为兰克萨海湾，东北对槟榔屿。

又西北行过大门得嘴之北，转向西行。大门得为苏门答剌岛之极东北嘴；北与近马来隅峡之萨郎加岛相对，为马来隅海峡西口，广约五百馀里。

日中，舟人测日躔高弧，又校求时差，知所至为赤道北五度五十七分，京师偏西二十度四十一分。自昨午至此，行三百有六海里。测处南至亚齐岸百里，西南至亚齐北海中之威尔岛亦百里。

苏门答剌本国名，今以名全岛。自西北至东南长三千一百里，广处至七百里。自古部落不一，其见于前史者，如三佛齐国，于梁天监、唐天祐、宋太平兴国以后，及明洪武，均入贡不绝；罗越国，见《唐书·地理志》；苏门答剌国，《明史》又作须文达那；屑檀国，宋熙宁中入贡。其他见《续文献通考》者，曰花面国，一名那孤儿，明初有使臣，以海船驻苏门答剌，遣人往采硫磺，其酋遂入贡；曰那哈国，自满剌加向西南行，好风五昼夜到；濒海一村，名苔鲁蛮，往东南十馀里可到；曰阿鲁国，又名哑鲁，与九州山相对，永乐中，遣使入贡；曰黎代国，在那孤儿之西；曰南浡里国，在黎代之西。诸国之地，今虽不能详考，要皆在今苏门答剌岛内。而三佛齐、苏门答剌两国为最著。三佛齐居岛南，实跨海入爪哇岛西境，盖巽他峡两岸之地也（《唐书·地理志》所言佛逝国，似即三 苏门答剌各部落佛齐)。明永乐中,为爪哇所灭,名其地为旧港;五年置旧港宣慰司,授头目施进卿;中叶以后,荷兰人据其地。苏门答剌居岛北,《续文献通考》谓其国:“为西洋要会,东南倚大山,西北距海。自满剌加顺风九昼夜可至。”以此准之,则今岛北之亚齐国,即古之苏门答剌国也。又谢清高《海录》言:“环岛九国。”今准其地望,其霤里似即本定岛之里俄,虽与苏岛不连,然在旁近,且附隶之;其锡里,即德里;其大亚齐,即亚齐;其小亚齐,一名孙支,即岛西岸之孙基;其苏苏,当即孙基南之西波加;其叭哒,即西波加南之巴唐;其茫古鲁,即巴唐南之邦古连;其旧港,即三佛齐;其龙牙,为苏岛东之小岛,即古之龙牙门也。《海录》又有呢士岛,在苏岛西,殆即古之龙涎屿;有网甲山,即苏岛东南之班加岛,其文都,即门多克也。

自明以来,荷兰、英吉利分据环岛海口,诸部悉为制服。至道光五年,英人以邦古连及班加岛之门多克二埠,易满剌加,而苏岛遂全归于荷。惟亚齐守拒不服。同治十三年,荷人以兵攻之,不克。连兵十馀年,至今未罢。荷人费军饷以万万计,士卒之死于锋镝瘴疠者无算,而所得之地仅西北濒海之嘴,曰科大拉的者。荷人置埠通商,亚齐人复时出奇兵扰之。使南洋诸岛国均能如亚齐之守其土宇,则泰西群雄安能不费斗粮,不遗一镞,蚕食鲸吞,坐享其利如今日也?

印尼为荷兰所占

苏门答剌岛以东,大小岛以数千百,除吕宋群岛属西

12,2,27

班牙，婆罗洲之北属英吉利，巴布亚岛之东南属英吉利、东北属德意志、西为土番，胎墨尔岛之东半属葡萄牙，馀皆属于荷兰。

考荷兰本国褊小，计为方里者十万六千三百九十四，而南洋群岛属地为方里者六百又三万一千二百一十九，并较属地大于本国为五十倍过之。又土膏喷盈，矿产充斥，荷之国用仰之。民口共二千五百万，而驻兵不过三万，群岛之民翕然帖服，数百年来未闻叛乱。虽荷人善于驭远，亦岛夷安于积弱，无揭竿之志耳。

论者谓德意志，虽处欧洲中原，而东西两洋无尺寸腴壤以为藩属。荷兰近在西鄙，旧本日耳曼诸侯，今既列为大邦，广抚属土，未免启德人之觊觎。德之兵力亦足以并荷，但恐英、法诸国执公法而兴问罪之师也。然德人固未尝须臾忘南洋群岛（余尝见德意志人所作南洋群岛图，于荷之属地为特详，其用意可知矣）。 德人觊觎南洋

又西行过威尔岛之北，琅多岛之南。威尔大于琅多，而长不过五里，广半之。威尔南五十里为亚齐北嘴，《海录》所谓“由亚齐国都西北陆行五六日，则至山尽处”者，是也。荷人所置科大拉的埠在此。

二十七日乙酉，船西行过尼科巴群岛之南。《海录》言“尼古巴拉岛皆土番野人，性情淳良，日食椰子、熟鱼，不食五谷”者，即此。东南距亚齐北嘴约四百里，群岛以数十，南北亘海面六百里，均阻水相望。其最大者曰大尼科巴，在群岛之极南，南北长约百里，广半之，其 尼科巴群岛(Nicobar)

山高于海面二千一百英尺。开马大岛，居群岛之中，有市肆曰南库里。各岛皆林木茂密，产椰子，柑橘甚多，居民煮果为糖。旧本无主，同治八年，英吉利取之，隶于印度。共计为方里者五千七百三十九，民口五千五百。

尼科巴群岛之北约二百七十里，有安达门群岛，南北亘海面约六百里。北曰北安达门；南曰小安达门；中曰中安达门，为最大。南北长二百四十里，广四十里，有城曰巴特布来，皆山深林密。乾隆五十四年，英吉利取之，隶于印度。共计为方里者二万一千四十，民口一万四千六百三十。闻英人以巴特布来、南库里两镇为流放罪人之所。

自北安达门之北稍东约五六百里，为缅甸之西南境，有巴森河入海之口。巴森即伊洛瓦底河分流。自巴森口东迤一百四五十里，为伊洛瓦底河正流入海口。其东北三百馀里为仰光城，盖英吉利所置北古部之会城也。城临伊洛瓦底河东支，水深阔，南至海口七十里，便轮船出入。其地平衍沃饶，然不尽辟，辟者仅十分之三，而产米之富不亚暹罗。英人重征之，去岁所敛，除本地应用外，尚溢金钱三十万。

伊洛瓦底河流域

伊洛瓦底河出缅甸、西藏交界山中。西南流经孟养土司境，至八莫城之西北，云南之云龙江自东北流来注。八莫城，似即元至元中，绪王相答吾儿所拔之江头城。又西南流，云南之龙川江，自东流来注。又西南流过大公城之西。大公城，亦绪王相答吾儿所拔者。又南流过笺古城之西。又南流过蛮得勒城之西。蛮得勒为缅甸新都，即

12,2,27

《明一统志》所言“大公南之马来城”（《圣武记》名为蛮得）。又南流过阿马拉普剌城之西。阿马拉普剌，缅人亦尝建都，旧名安正国城。转而西南流过阿瓦城之北。阿瓦，缅之旧都也。又西南流，有别源名坦拉瓦底河者自北流来会。又西南流过蒲甘城之西。蒲甘为宋时缅国都城。又南流过普罗美城之西。又南流，分为数十支流入海。约行三千里。前人多谓此为大金沙江。按：大金沙江，即雅鲁藏布江，至缅甸西北转而西南流入印度境，实不通伊洛瓦底。

仰光之东约一百七八十里为西丹河入海口。西丹河出蛮得勒东南山中，南流约千里入海。西丹河口之东南约百五十里为马尔达般城，亦繁要地，怒江入海口也。怒江，西图名为萨尔温江。源出卫地之北山，东南流过喀木境。又东南流过云南境。又南流过木邦宣慰司境。又南流为暹罗、缅甸之界。又南流经英吉利所置地那悉林部，至马尔达般城东南入海。约行四千馀里。

缅甸，古西南夷之朱波也。汉为掸国，唐为骠国。宋崇宁四年，云缅入贡，盖举其国，明年，云蒲甘入贡，盖举其都城，自是始有缅名。元至元中，破蒲甘缅城，置邦牙等处宣慰使司。大德初，复封缅酋为缅国王。明洪武二十一年，沐英讨缅，平之。二十七年，置缅甸军民宣慰使司，授其酋普剌浪，遂与车里、老挝、八百大甸、木邦、孟养五宣慰司称为六慰。嘉靖初，孟养酋与木邦酋破缅甸，瓜分其地。三十三年，缅酋子莽瑞体起洞吾（在古 缅甸旧史刺北），以计夺古剌地，遂复缅旧疆。又北并木邦所分之孟密宣抚司，进掠孟养，东侵车里、木邦、老挝、八百之境。隆庆中，木邦酋附于缅，而孟密所分之蛮莫宣抚司亦附焉。万历七年，缅尽据孟养之地。十一年，复据木邦之地。遂倔强于西南，渐侵及云南边内诸土司。又为贝叶书与中国，自称西南金楼白象王，旋为刘綎、陈用宾屡破之，由是不敢内犯。惟雄长诸部如故。国初，缅酋恃有献永历功，益蔑视诸土司，自国于西南，不臣不贡。

缅酋不臣不贡

古剌者，明永乐初内附之夷部也，又名摆古。其地西南濒海，东接暹罗。成祖置大古剌宣慰司，与底马撒、靖定、平缅、木邦、孟养、缅甸、八百、车里、老挝九宣慰司并称为西南十慰。其隔在缅甸之南，去中国最远者，惟古剌与底马撒（在古剌东南，实马来隅峡西北隅地）。后底马撒为缅甸所灭，惟古剌能强，世与缅敌。嘉靖中，为莽瑞体所并，寻复自立。康熙三十九年，古剌以荷兰兵攻缅甸，下之。缅人素卑古剌，不愿为之下，旋有起兵复国者，尽收旧地，即乘胜并古剌，缅之国遂大。

乾隆十九年，缅甸复为锡箔诸夷所灭（锡箔即怒江）。于是雍籍牙兴，自王缅甸，而有普洱边外之犯。三十二年及三十四年，命明将军瑞傅经略，恒两次举大兵，张挞伐，缅酋始请款。三十六年，古剌叛缅，缅人攻克之，遂南取暹罗。四十三年，暹罗遗民拥遗臣郑昭为王，起兵收旧封，及昭子华复兴师侵缅。诏封华暹罗国王。于是，王师已平大小金川，而缅酋益惧，款关求贡，遣使贺

12,2,27

八旬万寿。诏封缅甸国王。

道光六年，缅与英吉利之印度有疆场之事。英师入缅，地险瘴恶，军士多死者。将退师，反声言直取阿瓦，缅军气沮，遂输金币请和，并割沿海底马撒及古剌西北之地与英。咸丰三年，英人复取古剌。乃名前后所得缅甸之地，为英吉利缅甸。置三大部，曰北古，即摆古，古剌之旧疆也；曰阿剌干，古剌西北之地也；曰地那悉林，底马撒之旧疆也。三部各置长，以隶于印度。自是缅人无复南出之海口，伊洛瓦底河两岸市镇贸易顿减，国穷蹙日甚。延及光绪十一年，英吉利以法兰西之并越南也，遂尤而效之，亦灭缅甸。

缅甸兵败割地与英

缅甸为英所占

观法人之取越南也，先据真腊六真。英人之取缅甸也，先据沿海三部。西南海疆形势，往往在南而不在北，故自南起事者辄胜。阮光平以顺化胜，阮福映以农耐胜，莽瑞体以古剌胜，岂非其明验欤？

考前明六宣慰地，车里在普洱府西南边内，东傍澜沧江，至今仍为宣慰司。老挝在蒙自南徼外，东界越南，南界暹罗。八百大甸在老挝之西，北界车里，南界暹罗。木邦在八百大甸之西。而八百、木邦交界处之北为孟良土府，又北为孟琏长官，又北为边内之遮放副宣抚，又北为腾越。木邦之北界龙川江，江北为孟密。孟密之北界云龙江，江北为蛮莫。蛮莫之东为腾越西徼，即铜壁、铁壁等关。孟养在蛮莫之西，中界伊洛瓦底河，南界缅甸，北为茶山、麻里、孟拱、孟坑等长官。又西北为赤发野人，西

考明朝六宣慰地

为今属印度之阿萨密部。缅甸在孟养之南，木邦之西。

木邦境内有波竜银厂，桂家致富之所也。孟密西南有宝井，思歪创业之地也。西人著作艳称缅甸之河产金沙，山产银、铜、煤、铁、宝石之矿，又石油自石缝流出，取之不竭（石油，即《隋书》之猛火油，近人呼为煤油，南洋诸岛产之。北亚美利加有石油湖，俄罗斯所属高加索之巴库有石油井，红海西岸阿非利加地所在皆产）。英人垂涎非一日，今竟为所夺。

闻老挝、八百尚距险自守，吾华若早招抚，收入内地，当可效斥堠之用。又八莫城据上游形胜，西北临云龙江口，东至腾越西徼仅二百里，旧本中外互市地，即昔人所谓新街也。此次与英人议界，若据理争八莫及木邦、孟养之地，改土开郡县，可为西南保障，未知当事果何如也。

缅人恶英人之据其地也，辄纠众伏山林，伺便狙击。英兵为所毙及病瘴死者万计。

日中，舟人测日躔高弧，又校求时差，知所至为赤道北六度十三分，京师偏西二十六度二十八分。自昨午至此，行三百四十海里。测处北至孟加拉湾乾吉思河入海处三千二百里，南尽南极。

船行印度洋

二十八日丙戌，船行印度洋。海面南北二万馀里，东西近万里，水深至十里，与泰西、太平两洋并为宇内三大海。时微风从西南来，水衔隐波，船头随波上下至丈许。若风加厉，颠簸当甚。盖自苏门答剌以西，至于阿非利加

12,2,28

东岸，名印度大洋，迤北复随地命名。以锡兰岛中分之，东为孟加拉海，西为阿剌伯海。

西人考其风信，自二月至七月为西南恒风，八月至正月为东北恒风，飓风即从而生焉。飓风者，旋风也，悍怒飚疾。行舟者若误入风之中心，即巨舰亦随之而没。惟其起有时，其行有路，旋转之势恒与太阳行向相反。西人熟知其性，辄因势用之，非但不害，且可借作顺风以增船行速率。如孟加拉海当西南恒风时，三月与六月无飓风，二月与七月各一次，五月四次，四月十次，为最多，共十六次；当东北恒风时，八月与正月无飓风，十一、十二两月各一次，十月八次，九月十一次，为最多，共二十一次。而阿剌伯海之飓风，则在三月、五月、十月、十一月。

日中，舟人测日躔高弧，又校求时差，知所至为赤道北六度九分，京师偏西三十二度十六分。自昨午至此，行三百四十五海里。

按：印度，古名身毒，又名天竺，皆一声之转。汉以前不通中国。泰西人纪载谓虞、舜时，印度始兴婆罗门教，造梵字，著肥大司此士书。至周定王时，婆罗门教衰，而佛教始行。或谓周景王二年，释迦牟尼佛卒，又或谓景王五年，释迦始生，而推《蒙古源流》八卷所言释迦涅槃之岁，当在帝喾时之戊子。要之，荒远难稽，存而不论，可也。 印度旧史

周景王之二十五年，波斯方盛强，印度西境实为波斯有。显王时，欧罗巴马基顿王曰亚历山德者，雄武有大

略，东征西伐，囊括土宇。其疆域有今希腊、土耳其、埃及、阿剌伯、波斯、阿富汗、俾路支等国，东北至塔什干回部，东逾印度河。而印度遂属于马基顿。亚历山德死，国分。其雄长东方者，有西里亚、巴尔的、拔克德里诸国。

考西人古地图，西里亚，今为土耳其之安提阿等城，西濒地中海；巴尔的，今为波斯地，即《汉书》之安息（说见后）；拔克德里，今为阿富汗巴达克山布哈尔之地，即《汉书》之大夏（说见后）。

西史言印度于周末尝属西里亚，汉初又属拔克德里（汉张骞使西域还，言在大夏见邛竹杖、蜀布，云市之身毒国。是印度常通大夏，西史云属之可信）。迨大夏为大月氏所灭，印度又属大月氏。凡数百年（《后汉书》言身毒在月氏东南数千里，有别城数百，城置长，别国数十，国置王，虽名小异，而皆以身毒名，其时皆属月氏。又言月氏迁于大夏，分其国为休密、双靡、贵霜、肸顿、都密，凡五部翎侯。后百馀岁，贵霜翎侯攻灭四翎侯，侵安息，取高附，灭濮达、罽宾，复灭天竺，置监领月氏。《魏书》："大月氏国王寄多罗勇武兴师，越大山，南侵北天竺。自乾陁罗以北五国，尽役属之。"是则自汉至元魏，印度皆属月氏。嗣后月氏为厌达、吐火罗等国，印度不知何属），历汉、魏、六朝，尝遣使入贡。

唐武德中，中天竺王尸罗逸多（即《大唐西域记》之戒日王）讨四天竺，皆北面臣之。尸罗逸多死，其臣

12,2,28

那伏帝阿罗那顺自立，发兵距唐使王玄策。玄策号召吐蕃及泥婆罗兵攻其国都茶镈和罗城（即《西域记》之曲女城，又名羯若鞠阇。今地详后），破之。执阿罗那顺献阙下，自是朝贡不绝。元宗复诏赐南天竺名怀德军。

唐中叶以后，西域各国尽役属于大食。葱岭之西，里海之东，城郭游牧诸部，奉浮屠教者，至是遂变而为摩哈默臣仆，印度佛教即因之不振。

印度佛教式微

五季至宋，大食之势浸衰，有西突厥遗种建国于伽寺尼（即《瀛寰志略》之哈斯那，今属阿富汗，在赤道北三十三度三十四分，京师偏西四十八度九分），号土耳其者，复崛强于西域。宋咸平三年，伽寺尼王马毛多屡伐印度，血战二十五年，印之地多为所据。天圣三年，印度人费沙拉据地称王。明年，马毛多死，费沙拉遂复旧疆。既而国分，日寻干戈。绍熙五年，阿富汗君长高黎攻印度，取之。立国于特里（即《瀛寰志略》之德列，今属旁遮普部，在赤道北二十八度三十七分，京师偏西三十九度十四分）。时伽寺尼国，已为土耳其别酋达路别克所并，抚有波斯、阿富汗、俾路支等地，号土耳其色舒格朝，高黎盖其别部也。开禧二年，高黎为其下所杀，土耳其人甲丢伯复入特里为王。

土耳其崛强西域

嘉定十六年（元太祖十八年癸未），元太祖取波斯（见《四裔年表》）。明年，驻军铁门（在今布哈尔境内撒马儿罕城南数百里，南临阿母河，赤道北三十七度十八分，京师偏西四十九度十一分）欲征北印度，不果。纯祐十二年（元宪宗二年壬子），元宪宗命秃儿花、撒立征身毒。明年，又命塔塔带撒立、土鲁番等征欣都斯怯（即身毒）、失迷儿（《郭侃传》作乞石迷，即今之克什米尔）等国。旋降失迷儿，而特里仍自为国，未尝役属于元也。元至元二十六年，甲丢伯裔日阿老丁者与元兵战，破之。致和初，特里渐衰。明建文初，元旧藩撒马儿罕帖木儿始征服印度，肆虏掠，屠杀十万众。以印度为别部，然未几即去。永乐十二年，特里故王裔奢一精复为特里王。

明初元兵征服印度

弘治十一年，欧罗巴人始至印度。十七年，葡萄牙人立商埠于南印度之哥陈（即《瀛寰志略》之可陈，《明史》之柯枝国也，今属麻打拉萨之马拉巴尔部，在赤道北九度五十六分，京师偏西四十度十一分。马拉巴尔，又即《元史》之马八儿国），渐蔓延西边濒海地。

嘉靖五年，撒马儿罕帖木儿五世孙曰巴卑尔者（或作巴巴，又作莫卧尔），立国于阿富汗之开布尔（即《瀛寰志略》之喀布尔，今为阿富汗国都，在赤道北三十四度五十三分，京师偏西四十七度二十六分），既而大举入印度，取特里，并其地。印度为土耳其人所据，凡三百馀年，至是始为蒙古人有。巴卑尔仍都特里，势甚张，东取孟加拉为附庸（孟加拉，即《明史》榜葛剌国）。十四年，英吉利人始来孟加拉通商。四十四年，特里王亚格巴尔，城阿格拉（即《瀛寰志略》之亚加拉，今属西北部，在赤道北二十七度十分，京师偏西三十八度二十七分），

12,2,28

都之。万历十三年，又迁于勒和（即《瀛寰志略》之劳尔，今属旁遮普部，在赤道北三十一度三十三分，京师偏西四十二度十分），胜兵六十万，国日强。二十二年，分国为十二部。

英人设东印度公司

二十八年，英吉利人设东印度公司于孟加拉，驻水师加尔各搭（今为印度会城，在赤道北二十二度三十六分，京师偏西二十八度三分），保护之。三十年，荷兰人踵英人为公司。三十七年，英人入中印度。泰昌元年，英人复立埠于南印度之麻打拉萨（今为麻打拉萨部会城，在赤道北十三度五分，京师偏西三十六度九分）。先是，葡萄牙人所建南印度西边之埠，曰孟买（今为孟买部会城，在赤道北十八度五十七分，京师偏西四十三度三十五分），渐繁盛致富；英人之东印度公司擅商卖之利，又甲一时。荷兰人均羡之。天启中，荷人兴兵两攻之，不克。

国朝顺治四年，特里国王复都特里。延及乾隆之初，特里渐衰，土豪各据地相雄长。于是有麻剌多（疆域跨有今剌日不德、中印度群土部及中部孟加拉部所属之疴黎萨等地）、买索（今为买索尔土部）、乌德（今为西北部所属之卢各脑、雷巴勒里、非萨巴尔、治大波尔等四部）等部。十四年，阿富汗入侵，特里拒之不克，求援于麻剌多，阿富汗人败走。麻剌多遂据特里，阅五年始去，而特里国势愈蹙矣。

先是，法兰西人亦来孟加拉立商埠，二十一年，英吉利人夺之。明年，英人与孟加拉酋长战，大破之。二十五年，英人复与特里战，特里败绩，割地请和。孟加拉始尽为英吉利有。三十四年，英人与麻剌多合兵侵买索，旋议和。四十四年，法兰西人恶英人之专利于印度也，阴激买索酋长连谋麻剌多及他土部起兵攻英，资之军饷器械。英商人曰哈斯丁士者以计散其谋，厚赂麻剌多，他部乃不敢发。五十年，麻剌多侵特里，特里请援于英，英人不至，麻剌多遂灭特里。嘉庆四年，英人复连麻剌多灭买索，分其地。八年，英人始用兵于麻剌多，取特里，立蒙古人亚格巴尔为王，岁给王禄。二十二年，英人灭麻剌多。当康熙之初，葡萄牙嫁女于英，以孟买送女，至是而东南中三印度皆为英据矣。

英法争夺印度

道光二十三年，英人以兵取西印度之信地。二十五年，复进兵攻北印度之塞哥。塞人惧，请和。二十八年，塞人叛英，英人击灭之。塞哥者，克什米尔之别部也。塞哥既灭，克什米尔亦随之称藩信地（即《西域记》之信度）。塞哥（即《西域记》之磔伽）、克什米尔（即《西域记》之伽湿弥罗）皆唐以来古国，一旦为英所灭，则印度全土无复抗英者。然其地本英之公司所取，公司者，商会也，权力不足驭远。咸丰七年，孟加拉民叛据特里，拥蒙古后裔称尊号，屠杀英人十馀万。明年，公司募大兵，次第削平之。自以平民不能守此广土，乃归其地于英政府。于是英之议院议置掌印度事大臣于伦敦，置参议十五人佐之。十五人者，八人为政府所辟，七人为同僚所举，均以洞悉印度情形者充之。又置大长官于印度，总全

英人占据印度

12,2,28

境事，如华官之总督，驻孟加拉部之加尔各搭城，置属分曹，略同其国王。有内曹、外曹、税曹、农曹、户曹、商曹，又有掌兵、掌工、掌教、掌刑各官。惟刑官不隶于大长官，且不隶于其国之王。以泰西通例，国王有罪，刑官得而治之。刑官非国王所得而臣也。分其地为八大部（曰孟加拉部、西北部、旁遮普部、中部、阿萨密部、英吉利缅甸部、麻打拉萨部、孟买部），部有长官，各治其部之事，以听命于大长官。土部大小以数百，各有君长，略如中国土司。有直隶于大长官者，如宣慰司之直隶于布政司；有分隶于各部者，如宣抚司之隶于府州是也。土部事皆大长官遣官监治之，君长仅衣食租税而已。

分印度为八大部

英吉利，本西海数岛，土地褊小，仅拥王号，不敢妄自帝也。自有印度，国日富强。光绪三年，国人以其女主维多利亚贤，议尊之为英吉利女王，兼印度帝后。于是，印度虽与英吉利悬隔数万里，亦合而为一矣。疆域南北五千馀里，东西四千馀里，为方里者一千一百五十六万二千七百二十三。民口二万五千三百九十四万一千三百一十。水陆兵共二十二万五千八百七十三人（欧洲兵仅八万，馀皆土兵），分驻各部及海口。地产，北以盐为最多，南以鸦片为最多；岁税二者居三分之二，地税仅居其一。光绪十二年，所入英金七千四百四十六万四千一百九十七磅，所出尚浮于所入二百馀万磅，以经营缅甸故也。进口货值英金七千二百八十六万二百八十三磅，出口货值英金九千二十万一千四百六十一磅。铁路三万八千八百三十一里，电线二十一万七千四百二十二里。鸦片禁民间私种，种者皆受地于官，故鸦片之利土民不与也。

鸦片之利土民不与

二十九日丁亥，船行印度洋。

按：印度北邻西藏，以希玛纳雅大山为界；西接阿富汗、俾路支，以苏来曼山为界；东连缅甸，以巴拉亚尔给布山为界；南半斗入海中。故北境三面阻山，而南境则三面环水。

希玛纳雅山（喜马拉雅山）

希玛纳雅山高于海面二万九千又二英尺，为地球上第一高峰（其峰名埃佛勒斯，在赤道北二十八度二十三分，京师偏西二十九度二十六分）。凝冰嵯峨，绝顶人迹不到。西人乘轻气球探之，以升高空气不足，卒不能至。前人言昆仑为地之中；地为圆体，无所谓中，所谓中者，地之最高处也。如此，则希玛纳雅山殆古所谓昆仑者欤？山之北有冈底斯山（西图作底斯冈山），在西藏之阿里。其峰高于海面二万二千英尺。

于是有雅鲁藏布江（又曰藏江，即大金沙江）、印度河二大水，皆出希玛纳雅山北。藏江出冈底斯东南麓，印度河出冈底斯西北麓，二源相去约百里。

印度河

印度河西北流出藏地，入克什米尔境，至巴勒提回部斯喀多城之西北（斯喀多，在赤道北三十五度十二分，京师偏西四十度五十五分），乾竺特回部（在赤道北三十六度二十二分，京师偏西四十一度三十六分）之南，转而西南流，绕希玛纳雅山西北麓。又西南流，过印度之旁遮普、信地两大部入海（自乾竺特南至海，约行三千五

12,2,29

百里）。

藏江东南流经后藏、前藏地，至牛博尔宗城之西稍北一百四五十里（自源至此，约行二千五百里），转而南流绕希玛纳雅东麓，入猓㺄野人境。又南入印度境，转而西南流，曰布兰玛普拉河，过阿萨密、孟加拉两大部入海 雅鲁藏布江（自牛博尔宗城西北至海，约行二千七百里。前人多言藏江经缅甸入海，是误以缅甸之伊洛瓦底河为藏江下游。近日西人有以木桴入藏江，复见于布兰玛普拉河者，是藏江之不通伊洛瓦底明矣。惟藏江在猓㺄野人境内有极高瀑布，舟楫自难通行）。

又有乾吉思河，即《佛经》之恒河。有塞特勒至河， 恒河 即《佛国记》之捕那河。源皆出希玛纳雅山中，北距印度河、藏江两源均不甚远。乾吉思河南流出山，转而东南流经西北部，至孟加拉部入布兰玛普拉河。塞特勒至河西流出山，转而西南流经旁遮普部入印度河。

四水源之间有湖，曰玛那萨罗瓦，在冈底斯山南（在赤道北三十度四十五分，京师偏西三十五度一分）。湖高于海面一万五千二百三十英尺，殆即阿耨达池。《华 阿耨达池地理考证 严经音义》云：“香山顶有阿耨达池，四面各流一河。”按香山当即冈底斯山（《西域记》谓阿耨达池在香山之南，大雪山之北。希玛纳雅山盖即大雪山），其东面之私陀河即今藏江；南面之恒伽河即今乾吉思河；北面之信度河即今印度河；惟西面之缚刍河，本今之阿母河，源出葱岭，东距阿耨达池尚千馀里，当言北面之信度河，西面之捕那河，则合矣。盖佛家言亦随意配合，故《西域记》所言四面分流。又举殑伽（殑伽，恒伽，恒河，乾吉思，盖一水异名，译音或异或省耳）、信度、徙多（即今之葱岭南河）、缚刍，似不必尽合地理也。要之，阿耨达池即今之玛那萨罗瓦湖，似无疑义。

希玛纳雅山自西北至东南绵亘约五千馀里。西北阻于印度河，东南阻于藏江，不与别山连，仅二水源间与冈底斯山接。又西北联于葱岭，以为万山之祖。

青藏高原

冈底斯之北则为西藏大平原，幅员方数千里，高于海面三千尺至四千尺，为地球内平地之最高大者。《尔雅》："河出昆仑墟。""墟"，《说文》作"虚"，大丘也。丘，土之高也。一曰四方高，中央下。西藏高而大，且四面环山，中开平地，与大丘之义合。由是言之，希玛纳雅为天下第一高山，则为昆仑正峰；西藏为天下第一高原，当即昆仑墟。冈底斯则昆仑之过脉，葱岭则昆仑之干山。近世所指和阗东南之昆仑，实昆仑墟之北麓耳。

又《河图·始开》曰："昆仑墟，河水出四维。"今出西藏之水，如黄河，如大江，东流之水也；如澜沧，如怒江，如藏江，南流之水也；如印度河，如阿母河，西流之水也；如和阗河（即葱岭南河），如叶尔羌河（葱岭南河别源），北流之水也。高踞地巅，长河四下，四维之说，非此其孰能当之？或指一处为昆仑，则小之乎言昆仑矣。

中国入印度之路

中国入印度之路，自叶尔羌城溯叶尔羌河南上，入葱

12,2,29

岭，逾茂斯台山峡（峡西为乾竺特），出边入巴勒提（今并入克什米尔）境，渡印度河，至克什米尔为一道（《汉书·西域传》通罽宾之县度，即在此路之西）；自和阗城溯和阗河南上，入葱岭，逾英吉达温山峡，出边逾喀拉科林山，至克什米尔为一道；此新疆入印度之路也。自阿里顺印度河西北行，达克什米尔之东北境为一道；自阿里顺塞特勒至河西南行，至旁遮普部之森姆拉城（印度大长官有别署在此，在赤道北三十一度七分，京师偏西三十九度十八分）为一道；此西藏入印度之西路也。自日喀则城而南顺阿隆河西南行，由埃佛勒斯峰之东逾岭，经廓尔喀境，南至孟加拉部之佩尼雅城（在赤道北二十五度五十一分，京师偏西二十八度五十八分）为一道；自日喀则城而南经布鲁克巴、哲孟雄两部之间，逾山至孟加拉部之大脊岭（在赤道北二十七度三分，京师偏西二十八度八分）为一道；此西藏入印度之东路也。

新疆之路，旧本商旅往还。西藏西路，或峭壁深溪，或绕出迂远，行者甚少。惟阿隆河一道，旧为藏、印往来常径。哲孟雄（西图名曰西金）一道，则近年英吉利人新辟之路也。较阿隆河捷近，而所逾之山亦稍低。

希玛纳雅山中君长以数十，其最著者如克什米尔、廓尔喀、哲孟雄、布鲁克巴，今惟廓、布两部尚称自立。虽弹丸居山谷中，不足轻重，然吾藏之外蔽也。闻大脊岭本哲孟雄一荒村，道光十五年，英人入赀购之，辟茶园百馀区，产茶与东边之阿萨密并盛。印度之茶，不特西人取

印度之茶
热销海外

给，且畅销藏地打箭炉；岁出之茶，为之减销矣。

英人所修铁路，已自加尔各搭径抵大脊岭，仅一昼夜程。自大脊岭逾山入藏边，仅百馀里，英之蓄意窥藏，于此可见。

辰刻，船抵锡兰岛之科隆坡，泊焉。自昨午至此，行三百一十四海里。旋与同人登岸，驰循海塘数里，至博物院。院为英人所置，多禽兽水族之类。又至佛寺，多贮贝叶经，皆梵文。寺僧贪利，争以经求售。道旁有树，结实如馒头，土人啖之充饥。土人有剃发如僧者，有剃发结辫如华人者，状类贫苦。群小儿走车旁鼓臂乞钱，而西人所居则华美。薄暮，始归船。

三月初一日戊子，早钟十下，启碇展轮，向西行。

锡兰（斯里兰卡）旧史

按：锡兰，印度南海中岛。即晋法显《佛国记》、《梁书》、《新唐书》之师子国，《大唐西域记》之僧伽罗。《明史》始称为锡兰山。土人谓高山为锡兰，岛有高山，故名。《梁书》言其国："旧无人民，鬼神及龙居之。"其说殆不经。《西域记》附注言："释伽牟尼佛化身名僧，伽罗国人推尊为王。以大神通力破大铁城，灭罗刹女，拯恤危难。于是建都筑邑，化导四方。示寂留牙，在于兹土。"西人纪载：肇生人物之亚当，基督教人谓生于犹大，回教人谓实生锡兰，后徙之犹大耳。合而观之，西人所谓亚当，似即释氏之释伽牟尼。今岛中央之刊的城（在赤道北七度十八分，京师偏西三十五度四十五分），即僧伽罗故城。有精舍藏佛齿。《佛国记》言："出佛齿供养。”《西域记》谓“昼夜远望，光若明星”者，即此。而《西域记》附注及《明史》皆言永乐中，郑和西游，抵锡兰，破其都，虏其王，礼佛牙登舟，至京师，诏庄严旃檀金刚宝座，贮修供养。果尔，则佛牙已东归上都，何至今尚存刊的？殆佛所遗者，或不一牙，抑亦好事者之伪造，非过客所敢知也。又《佛国记》云：“佛至师子国，现神足。”汪大渊《岛夷志略》言僧加剌（即僧伽罗转音）海滨有石如莲台，上有佛足迹。《明史》亦云然。今刊的城南之亚当峰（在赤道北六度五十分，京师偏西三十五度五十二分），石上有足迹，长五尺，相传为佛祖所遗。《佛国记》等书所言，当即此。 12,3,1

锡兰地形物产

岛南广北狭，略如三角形。南北七百七十里，东西广处四百里，为方里者二十一万二千八百三十。美水泉，茂草木。气候多暑，然爽畅，无蕴隆瘴疠之病。西人乐其地，称为东海明珠。中高四下，最高之山，曰佩特洛塔拉架瑙（在赤道北七度一分，京师偏西三十五度三十九分），高于海面八千二百八十英尺。次即亚当峰，高于海面七千四百英尺。自九月至正月，多西北风；三月至八月，多东南风；二月风无定向。无长河，然足资灌溉。岛之西北隅，与印度麻打拉萨部之南嘴相距仅一百六七十里，名曰巴克尔海峡。有数小岛及礁石，与两岸相接。水落礁出，望之如桥，西人呼为亚当桥。峡内产珠甚多，濒水居民多习水采之（《佛国记》言师子国多出珍宝。《西域记》附注言其地多奇宝。盖指此）。

岛民种类凡四：曰新格利斯种，周秦之际迁自北印度乾吉思河畔，至今为最繁衍，短躯干，胆小而诈弱，不任事；曰坦弥尔种，迁自南印度，居岛北；曰摩哈默种，阿刺伯回族也，性伉爽，善商贾；曰法答种，土人也，贫苦无知识，居树林中，与兽无异。当明弘治之十八年，葡萄牙人始来据濒海地，于岛之南与西置埠。天启初，荷兰人争夺之。我朝嘉庆元年，英吉利人复取之于荷人。会岛酋虐用其民，英人遂攻灭岛酋，有全岛地。于是民类四种外，又有欧罗巴人。合岛民共计二百七十六万五千。

岛民概况

宗教信仰

光绪七年，英置长官治之，兼掌兵驻刊的，有副长官、刑官、天主教头。旧俗专习佛教，自回教入印度，锡兰亦从而奉之。近日天主、耶稣与佛、回并传矣。约计之佛教最多，天主教次之，回教又次之，耶稣教为最少。土产加非、椰子、棉花、香木、稻米、桂皮等物。

科隆坡，岛西岸临海之埠也。在赤道北六度五十三分，京师偏西三十六度三十三分。民口约十二万，多欧洲人。东北距刊的二百里（有铁路）。海岸甚坚实，旧有地嘴北伸入海，长不足千尺，不能避西北风，停船者病之。故西船往来多出岛西南隅之旁得加尔，至科隆坡者甚少。近年英人以石砌长堤，南著于嘴，北伸入海，约二里许，东对岛岸为口门。堤之北端置灯楼，以便夜行入口。下碇之处甚阔而安，于是船泊科隆坡者遂与旁得加尔并盛。口门广约二里，口内水深，率南一百六七十尺，北二百二三十尺。

12,3,2

初二日己丑，船行印度洋，过科摩棱嘴之南。科摩棱为印度极南临海之地。

日中舟人测日躔高弧，并校交时差，知所至为赤道北七度四十六分，京师偏西四十一度四十四分。自科隆坡至此，行三百一十海里。测处东北距麻打拉萨部之哥陈（见前）约五百三十里。

按：印度古地，以唐释辩机《大唐西域记》所纪为详，其国地至今多可考者。有英吉利士人恭宁翰，宦游印度十馀年，博考古迹，著为成书；于玄奘游踪为特详，并置图卷端，玄奘所到处，辄联朱为道。余从友人假阅之，惜不谙西文，不通其说，仅以译音求之于图，并以《西域记》校之，竟吻合。因量其度里，求之今图，能得今地者凡九十二，爰著录之，以为考古者之一助。 印度古地据史可考

飒秣建（即《唐书》之康国，《元史》之薛迷思干，又作寻思干，《明史》作撒马儿罕，皆一音之转也，在赤道北三十九度四十九分，京师偏西四十九度八分）。

羯霜那（即《唐书》之史国，《明史》作渴石国，今布哈尔境内有喀什城，在赤道北三十八度四十六分，京师偏西五十度三十八分）。

铁门（即元太祖驻军处。度分见前）。

迦毕试（在今阿富汗境。按：今阿富汗国都曰喀布尔，盖即迦毕试展转移易之音。度分见前。又玄奘所度大雪山，即今喀布尔北之海给伽山）。

健驮罗（《佛国记》作乾陀卫。今阿富汗喀布尔之东

印度各地之记载

南有乾陀弥城，在赤道北三十四度十六分，京师偏西四十六度二十四分）。

布路沙布罗城（健驮罗国都也。今乾陀弥之东北二十四里有布路巴城）。

跋虏沙城（《佛国记》作佛楼沙城，即今印度旁遮普布之白斯哈瓦城，在赤道北三十三度五十九分，京师偏西四十四度五十六分）。

乌释迦汉荼城（在今白斯哈瓦之北二三十里）。

乌伏那（一作乌仗那。《佛国记》作乌苌，在今阿富汗别部加非利斯坦境内。《唐书》以乌苌为南印度之乌荼，误甚）。

瞢揭离城（乌仗那国都也，即今加非利斯坦境内之瞢哥拉城，在赤道北三十四度五十六分，京师偏西四十四度三分）。

苏婆伐窣堵河（即今加非利斯坦境内之斯瓦特河，西南流入喀布尔河）。

钵露罗（《佛国记》作陀历，今为巴勒提回部，近年亦灭入克什弥尔。以地望准之，当即斯喀多城。度分见前）。

呾乂始罗（即今旁遮普部之拉乌尔奔的城，在赤道北三十三度三十六分，京师偏西四十三度二十三分）。

僧诃补罗（即今旁遮普部之哲兰穆城，在赤道北三十二度五十六分，京师偏西四十二度四十五分）。

伽湿弥罗（即今旁遮普部所属之克什米尔国。其会

12,3,2

城在赤道北三十四度六分，京师偏西四十一度三十一分）。

磔伽（即《瀛寰志略》之塞哥，在今旁遮普部劳尔之西北。劳尔在赤道北三十一度三十二分，京师偏西四十二度十分）。

毗播奢河（今日比斯河。出克什米尔南境，西南流过劳尔北，又西南流入印度河）。

信度河（即今印度河）。 印度河

阇烂达罗（即今旁遮普部之遮兰达城，在赤道北三十一度十九分，京师偏西四十度五十八分）。

屈露多（即今旁遮普部之库尔鲁，在赤道北三十一度，京师偏西三十九度二十六分）。

设多图卢（即今旁遮普部之翁巴拉城，在赤道北三十度二十四分，京师偏西三十九度四十四分。又森姆拉城在翁巴拉东北，西林德城在翁巴拉西北，皆其地也）。

波理夜呾罗（即今印度所属剌日不德群国中乌尔瓦国西北之科德城，在赤道北二十七度四十四分，京师偏西四十度十三分）。

秣菟罗（即今西北部之马特剌城，在赤道北二十七度二十八分，京师偏西三十八度四十五分）。

萨他泥湿伐罗（即今旁遮普部之达内萨尔城，在赤道北二十九度五十六分，京师偏西三十九度三十七分）。

窣禄勤那（即今旁遮普部之耶阶尔里，在赤道北三十度十分，京师偏西三十九度五分）。

秣底补罗（即今西北部之弥鲁特城，在赤道北二十九度，京师偏西三十八度四十五分。又苏佛奴格城在弥鲁特之北，苏哈隆普尔城在弥鲁特西北，皆秣底补罗地）。

婆罗吸摩补罗（即今西北部之库马汪，在赤道北三十度，京师偏西三十七度六分）。

瞿毗霜那（即今西北部属之兰木普尔国，在赤道北三十一度二十六分，京师偏西三十八度四十八分）。

亚醯掣呾罗（即今西北部之巴勒里城，在赤道北二十八度二十一分，京师偏西三十六度五十二分）。

毗罗删拏（即今西北部之埃杜城，在赤道北二十七度三十三分，京师偏西三十七度四十七分）。

劫比他（一作僧伽舍，《佛国记》作僧伽施，即今西北部之璃普里城，在赤道北二十七度十三分，京师偏西三十七度二十五分）。

羯若鞠阇（又作曲女城，即《唐书》尸罗逸多所居之茶镈和罗城，王玄策曾号召吐番兵破之擒阿罗，顺委献阙下者。今在西北部科尼普尔之西北一百四十里，东北临乾吉思河。科尼普尔在赤道北二十六度二十八分，京师偏西三十六度七分）。

恒河 殑伽河（一作恒河，《唐书》作乾陀卫江，又作伽毗黎河，即今乾吉思河，见前）。

钵罗耶伽（即今西北部之阿拉哈巴城，在赤道北二十五度二十五分，京师偏西三十四度三十五分）。

阎牟那河（今仍旧名，即乾吉思别源，自西北流来，

12,3,2

至阿拉哈巴之南与乾吉思河合)。

憍赏弥(在今阿拉哈巴之西稍南六七十里，南临阎牟那河)。

迦奢布罗(即今西北部之苏尔咀波尔城，在赤道北三十一度五十三分，京师偏西三十九度二十分)。

鞞索伽(即今西北部之乌德城，在赤道北二十六度四十八分，京师偏西三十四度十八分)。

室罗伐悉底(即《佛国记》拘萨罗之舍卫城，在今西北部巴来支之东六七十里。巴来支在赤道北二十七度二十三分，京师偏西三十四度五十分)。

劫比罗伐窣堵(一作伽毗罗卫，《佛国记》作那毗伽。今在西北部乌德之东百里)。

蓝摩(《佛国记》作蓝莫。今在西北部亚萨姆格尔之北五十里，南临哥伽离河。亚萨姆格尔在赤道北二十六度四分，京师偏西三十三度十一分)。

大窣堵波(一作比巴拉伐那。今在西北部哥鲁克波尔之东南一百三十里，南临拉普的河入哥伽离河之处)。

拘尸那揭罗(《佛国记》作拘彝罗竭。今在哥鲁克波尔之东百里。哥鲁克波尔在赤道北二十六度四十四分，京师偏西三十三度三分)。

阿恃多伐底河(《佛国记》希连河，今名哥伽离河。在西北部东南，流入乾吉思河)。

婆罗痆斯(一作波罗柰，《佛国记》作波罗㮈，即今西北部之班拿勒斯城，在赤道北二十五度二十分，京师偏西三十三度二十六分）。

吠舍离 (Vaishali) 吠舍离（《佛国记》作毗舍离。今在孟加拉部摩苏佛普尔之西稍南七十里。摩苏佛普尔在赤道北二十六度五分，京师偏西三十一度二分）。

弗栗恃（今在廓尔喀国马各王不尔城东南二百里。马各王不尔在赤道北二十七度二十六分，京师偏西三十一度十二分）。

尼波罗（《唐书》作尼婆罗。王玄策号召吐番兵，尼婆罗以千骑来赴，即此。今为廓尔喀国。西图仍名尼婆尔。其国都在赤道北二十八度五十二分，京师偏西三十一度六分）。

摩揭陀（一作摩伽陀，《佛国记》作摩揭提。疆域颇广。今在孟加拉部乾吉思河南，跨桑河两岸地）。

波吒厘子（摩揭陀国都也。一作拘苏摩补罗，唐言香花宫城，《佛国记》作巴连弗，即今孟加拉部之巴德拿，在赤道北二十五度三十三分，京师偏西三十一度十五分）。

伽耶（今巴德拿之南一百七十里有伽耶城，在赤道北二十四度四十六分，京师偏西三十一度三十九分）。

王舍城 (Rajgir) 曷罗阇姞利泗（《佛国记》作王舍城。今在孟加拉部巴哈尔之西南五十里。巴哈尔在赤道北二十五度十分，京师偏西三十度五十五分）。

矩奢揭补罗（一作上茅宫城，《新唐书》作拘阇揭罗布罗。在王舍城之南稍西约十里）。

12,3,2

伊烂拏钵伐多（即今孟加拉部之蒙赫尔城，在赤道北二十五度二十二分，京师偏西二十九度五十六分）。

瞻波（《新唐书》作瞻博，即今孟加拉部之科尔冈城，在赤道北二十五度十六分，京师偏西二十九度十一分）。

羯朱嗢祇罗（即今孟加拉部科喀普尔以东之地。科喀普尔在赤道北二十四度三十八分，京师偏西二十八度三十八分）。

奔那伐弹那（即今孟加拉部之普布拿城，在赤道北二十四度一分，京师偏西二十七度十九分）。

迦摩缕波（《新唐书》作迦没路，即今孟加拉部之库治具哈，在赤道北二十六度十六分，京师偏西二十七度一分）。

三摩呾咤（即今孟加拉部加尔各搭以东，巴利索尔以西之地。加尔各搭在赤道北二十二度三十六分，京师偏西二十八度三分。巴利索尔在赤道北二十二度四十三分，京师偏西二十六度六分）。

耽摩栗底（《佛国记》作多摩梨帝，又作多摩梨靬，即《后汉书》之东离国，即今孟加拉部之耽摩鲁克城，在赤道北二十二度二十分，京师偏西二十八度三十二分）。

羯罗拏苏伐剌那（即今孟加拉部之兰木格城，在赤道北二十三度四十四分，京师偏西三十度五十八分。又巴彻特城，在兰木格之东南，亦其地）。

乌荼（在今孟加拉部库台克之东北一百七八十里。库台克在赤道北二十度二十八分，京师偏西三十度三十三分）。

恭御陀（即今麻打拉萨部之根遮木城，在赤道北十九度二十四分，京师偏西三十一度十一分）。

羯馂伽（即麻打拉萨部之羯馂伽巴特，在赤道北十八度十八分，京师偏西三十二度十七分）。

憍萨罗（一作拘萨罗，即今中部之琛达城，在赤道北十九度五十五分，京师偏西三十七度八分）。

案达罗（即今印度所属尼桑国之空蒙麦特城，在赤道北十七度十三分，京师偏西三十五度十七分）。

驮那羯礫迦（一作大案达罗，即今麻打拉萨部之公土尔城，在赤道北十六度十五分，京师偏西三十五度五十九分）。

珠利耶（即今麻打拉萨部之克奴尔城，在赤道北十五度四十七分，京师偏西三十八度二十一分）。

达罗毗荼（即今麻打拉萨部之琛加尔普特城，在赤道北十二度四十一分，京师偏西三十六度二十七分）。

枳秣罗（一本无枳秣罗，但云达罗毗荼国都号志补罗，按其译音似即一地，或本系一国，误指为达罗毗荼国都欤？即今麻打拉萨部之玛都剌城，在赤道北九度五十六分，京师偏西三十八度十九分）。

锡兰 僧伽罗（《佛国记》作师子国，即今属英吉利之锡兰岛）。

12,3,2

恭建那补罗（在今尼桑国模德古尔城之东南百里。模德古尔在赤道北十六度二分，京师偏西四十度）。

摩诃剌陀（即今孟买部之加来尼城，在赤道北十九度十三分，京师偏西四十三度十六分）。

跋禄羯婆（在今孟买部布罗亚治西北七十里，西临堪伯尔海湾。布罗亚治在赤道北二十一度四十四分，京师偏西四十三度二十九分）。

摩腊婆（即《瀛寰志略》之马罗，今为印度所属中印度群国中之印度尔、德哈等地。印度尔在赤道北二十二度四十一分，京师偏西四十度三十七分。德哈在印度尔西南）。

阿吁厘（即今孟买部所属马希干达群国中之埃达城，在赤道北二十三度五十分，京师偏西四十三度二十七分）。

契咤（即今孟买部之克拉城，在赤道北二十二度四十六分，京师偏西四十三度四十九分）。

伐腊毗（即今孟买所属喀的亚瓦群国之苞拿加城，在赤道北二十一度五十七分，京师偏西四十四度十七分）。

苏剌陀（即今喀的亚瓦群国之桑拿特城，在赤道北二十度五十二分，京师偏西四十六度六分）。

瞿折罗（即今剌日不德群国中之波尔墨城，在赤道北二十五度四十八分，京师偏西四十五度十五分）。

邬阇衍那（即今中印度群国中瓜利尔国之痾日音城，

在赤道北二十三度十二分，京师偏西四十度四十三分）。

掷枳陀（在今中印度群国之宾内西北五十里。宾内在赤道北二十四度四十一分，京师偏西三十六度十二分）。

摩湿伐罗补罗（在今中部蒙德剌之北六十里。蒙德剌在赤道北二十二度三十四分，京师偏西三十五度五十六分。按：《西域记》以掷枳陀属南印度，摩湿伐罗属中印度，是掷在南而摩在北。今据英人所作《玄奘游迹图》，二国之南北倒置，以形执观之，二国均应在中印度。余所见《西域记》本，容有传写之误）。

西域记有传写之误

信度（即今孟买部所属之信地部。玄奘所到处，为今信地所属之克尔普尔国，在赤道北二十七度二十七分，京师偏西四十七度三十四分）。

茂罗三部卢国（即今旁遮普部之木耳丹城，在赤道北三十度十四分，京师偏西四十四度五十六分）。

钵伐多（即今旁遮普部之舍阿特城，在赤道北三十度五十二分，京师偏西四十四度二十一分）。

阿点婆翅罗（在今信地部所属开治国之西北境。开治在赤道北二十三度二十一分，京师偏西四十七度六分）。

狼揭罗（即今信地部之喀剌直城，在赤道北二十四度五十三分，京师偏西四十九度二十九分）。

臂多势罗（今为俾路支国，不属印度。其国都曰克勒特，在赤道北二十八度五十四分，京师偏西四十九度五十四分）。

漕矩吒（似即《佛国记》之罗彝，其国都号鹤悉那。今阿富汗国喀布尔西南有哈斯那城，在赤道北三十三度三十四分，京师偏西四十八度九分。实鹤悉那一声之转）。

昏驮多（达摩悉铁帝国都也。今阿富汗别部有昆都斯者，在赤道北三十六度四十八分，京师偏西四十七度三十六分，盖即昏驮多故城）。

波谜罗（即今之博罗布、葱岭间大平原也。按西图译音博罗尔，当作博弥尔，与波谜罗之声尤合。其地在赤道北三十八度，京师偏西四十三度。又缚刍河即今阿母河，有二源，均出今窝罕，相去甚近。北源曰阿格苏河，南源曰平查河，均西流至瓦马城而合，始名阿母。北源之北二百馀里有湖，名哈喇库尔。《西域记》所谓山中有大龙池者，是也。又北百馀里有考佛璃山，高于海面二万二千馀尺。山东北有两河，分东西流。西流曰基西尔苏河，《西域记》所谓西派一大流，西至达摩悉铁帝国东界，与缚刍河合者，是也；东流曰喀什噶尔河，《西域记》所谓东派一大流，东至法沙国界，与徙多合者，是也。又按今国，凡葱岭间之河湖，皆有博罗尔之名，故《西域记》亦言波谜罗川）。

西征纪程卷三

初三日庚寅，舟过弥尼科伊岛之南。岛东北至西南亘长约三十三四里，广不过五里。地势平衍，芦苇弥望。南嘴有灯塔，舟行望之。盖印度西南海中，北有群小岛曰来加的甫，南有群小岛曰迈尔的甫。来加的甫群岛南北相属千里，东距印度西岸约五百里；迈尔的甫群岛南北相属约千五百里，东北距锡兰岛约千二三百里；两群岛间南北距约六百里，为东西往来水道。弥尼科伊岛适当水道之中，故因以为表耳。

弥尼科伊岛（米尼科伊岛）

西方地理学家考两群岛石质皆珊瑚结成。其说谓珊瑚乃水中小虫所造之窠，虫小不能辨视，其体柔软。石之久沉水底销化为灰者，虫借之作窠，中留小孔自容，从孔伸出吸取食物。生长繁甚，新窠从旧窠加长，新虫生旧虫死，生长不已。成珊瑚如树形，愈长愈大，久之为泥沙填渍，则为岛。出水即不加高，以虫离水则死也。或低于水

岛石质皆珊瑚结成

12,3,4

面百七八十尺处，其虫亦死，于是水中礁石亦有珊瑚所成。其岛状或正圆，或椭圆，或周他岛之四外如圈然。澳大利亚之东北太平洋中有珊瑚群岛，连属三千馀里，为最广；次则来加的甫与迈尔的甫两群岛耳。又西人谓石分两大类，一曰水层石，一曰火山石。而水层石中之有生物形迹者为僵石，珊瑚岛盖亦僵石之类。

《明史》云："溜山自锡兰山南去，顺风七昼夜可至。"以地望准之，似即今之迈尔的甫群岛。其所谓三石门，并可通舟，山下八港，各以溜名者，盖群岛中之港汊也。

两群岛居民颇繁，皆印度、阿剌伯种类。迈尔的甫有岛长，回酋也，岁贡于锡兰长官。近岛海中产贝，黄白文者有之，白黄文者有之，博而頯，大而险，小而椭者亦有之。阿非利加洲迤北濒地中海各部落，多于此采贝，以为钱币。

日中，舟人测日躔高弧，并校求时差，知所至为赤道北八度五十二分，京师偏西四十六度三十八分。西北当印度河入海处，约三千里。自昨午至此，行三百海里。

初四日辛卯，舟行阿剌伯海。日中，舟人测日躔高弧，并校求时差，知所至为赤道北十度二十四分，京师偏西五十一度五十九分。自昨午至此，行三百二十四海里。时北岸渐离印度，西入俾路支国。 舟行阿剌伯海

俾路支，今为自立国，旧本波斯所分。按：波斯，汉以前不通中国。西人纪载，帝喾时有开我摩斯者，建波斯国，都色立齿城（即今波斯法尔斯部之什拉自城，在赤

波斯旧史 道北二十九度三十九分，京师偏西六十三度四十六分。又即《元史·郭侃传》之石罗子国）。至夏帝不降之世，为土兰所灭。土兰，北濒里海之土部也。旋复为亚西里亚属地。亚西里亚者，欧罗巴人所谓肇生人类之国也。其地在今波斯海湾之北，低格里、幼发拉的河之旁，故又名两河间。上古时，有挪亚者为始祖。其孙亚尔苏始立亚西里亚国，筑巴比伦城都之（巴比伦今为土耳其东土之帕古达部内希尔拉城，在赤道北三十二度三十一分，京师偏西七十一度五十六分）。又筑尼尼威城于低格里河上（尼尼威在今土耳其东土摩苏尔城之东北，赤道北三十六度二十一分，京师偏西七十三度十三分），均极一时宏丽，至今西方人犹艳称之。

巴比伦

至周襄王时，波斯故王裔有曰开里白德者，复起王波斯，都伊斯巴亨城（今属以拉亚日迷尔部，在赤道北三十二度四十一分，京师偏西六十四度四十四分）。其后王居鲁士，英武有大略，当周灵王之世，席卷邻邦，转战无敌。于是，亚西里亚国在周懿王之二十年，国分为三，曰后亚西里亚，曰犹大，曰巴比伦。后亚西里亚为今土耳其东土之摩苏尔部，都尼尼威城。至周定王三年，巴比伦灭之。犹大为今波斯之西北境，都耶巴达拿城（此犹大非巴勒斯坦之犹大。耶巴达拿，今为以拉亚日迷尔部之哈马丁城，在赤道北三十四度五十分，京师偏西六十八度一分）。至周定王十七年，波斯灭之。巴比伦为今土耳其东土之帕古达部，都巴比伦，即亚西里亚之旧都也。巴比伦

12,3,4

既并后亚西里亚，忌波斯日强，西与小亚细亚诸土部合纵，谋所以弱波斯。居鲁士因利乘便，以击诸国之弊，不数年，灭巴比伦，并小亚细亚诸部而有之。时周景王九年也。至是，而波斯疆域东尽印度河，西至地中海，北凭里海、黑海，南临阿剌伯海，土宇之大，甲于西方。复筑苏撒城，徙居之，号新都（在今古西斯丹部孰斯德城之西北，赤道北三十二度十一分，京师偏西六十七度五十九分）。寻以黩兵战死北鄙。子孙继其馀烈，均雄于时。

至泽耳士，复迁都于百泄波利城（在今什拉自城之东北，赤道北二十九度五十八分，京师偏西六十三度三十三分），大举四百万众，西伐希腊。黑勒斯奔海峡者，黑海通地中海之水道也，隘处不及一里。峡南为亚细亚，峡北为欧罗巴，两洲恒视为扼要。泽耳士列巨舰为浮桥通之，进兵希腊，战不利，丧师而还。于是波斯少衰矣。时周敬王四十年也。

延及显王三十九年，欧罗巴马基顿王亚历山德东征，先收小亚细亚，遂灭波斯，尽有其土宇。越三年，亚历山 亚历山大灭波斯
德死，国分。其臣塞留孤据巴比伦，旋并小亚细亚，徙居安提阿（在今土耳其东土亚勒伯部亚勒伯城之西，临阿琅德河，赤道北三十六度十四分，京师偏西八十度十四分），号西里亚王，波斯属焉。时西里亚境土有波斯盛时地。周赧王三十五年，塞留孤死，国顿衰。于是，东方豪俊并起，据要害，称名号。体我朵都自立为拔克德里王，亚赛西自立为巴尔的王，最为雄杰。

拔克德里旧都为今阿富汗国之巴尔克城（在赤道北三十六度四十二分，京师偏西四十九度三十七分）。国境北至阿母河（以上据西史），即《汉书》之大夏国（《汉书》云：“大月氏本居敦煌祁连间，老上单于杀月氏王，月氏乃远去。过大宛西，击大夏而臣之，都妫水北为王庭。”西史云：“西历纪元前一百二十六年，鞑靼人为本国所逐，至中国境，不能入，转攻拔克德里，灭之。”按：《明史》谓游牧蒙古为鞑靼，蒙古本匈奴后，故西人呼匈奴亦为鞑靼。月氏亦匈奴别种。西史言鞑靼人为本国可逐，正指老上单于逐月氏事。言至中国境不能入，谓月氏在敦煌不能入中国也。言转攻拔克德里灭之，谓月氏过大宛西，击大夏而臣之也。妫水即今之阿母河，月氏王庭在河北，拔克德里在河南，地本相连。中西史事亦合，则拔克德里之即大夏无疑。惟西历纪元前一百二十六年为汉武元朔三年，而《汉书》老上单于杀月氏，实当汉文之世，年代颇有前后。盖以中国人纪外国之事，西方人纪东方之事，均属传闻，所编年月不无差池）。

中西史事记载相合

巴尔的在拔克德里之西，为今波斯北境，亦即《汉书》之安息国（《汉书》云安息东即大月氏。按：大月氏，本大夏旧壤，而巴尔的在拔克德里之西，其为安息无疑。又《四裔年表》“巴尔的王世世号亚赛西”。“安”与“亚”一声，“息”与“赛西”一声，是汉人以其王名为国名也。《汉书》又云安息国治番兜城。“巴尔”之急读近“番”，“的”之平声近“兜”，是汉人又以其国

12,3,4

名为都名也。《汉书》云乌弋山离北与扑挑接。《后汉书》云月氏贵霜王侵安息，取高附，灭濮达。按：“扑挑”、“濮达”，即“番兜”之转音，即指安息。乌弋山离，本在安息东南，与北接合，惟《范书》则误分安息、濮达为二）。

既而大月氏灭大夏而君之，而塞王南君罽宾。准其方位，罽宾当为今阿富汗之喀布尔城（《汉书》云罽宾东至乌秅国，西北与大月氏接。按：乌秅即《佛国记》之乌苌，《西域记》之乌仗那，在今阿富汗别部加非利斯坦境内。大月氏既灭大夏，疆域虽跨阿母河以南，而王庭实在 中国史书地名考证
今布哈尔境。布哈尔之东南，加非利斯坦之西，决其为喀布尔无疑）。罽宾之西南有乌弋山离，又当为今之俾路支国（《汉书》云罽宾西南与乌弋山离接，乌弋山离北与扑挑接，安息东与乌弋山离接。扑挑即安息，一言北，一言东者，乌弋山离实在安息东南也。《汉书》又云自玉门阳关出南道，而南行至乌弋山离，南道极矣。盖谓南道极尽于海濒也。罽宾西南，安息东南，又南尽海濒之地，非今之俾路支，又谁属哉？《后汉书》言乌弋山离改名排持，是与俾路支之声亦合）。

是古波斯国地，当汉之世，东为大月氏，南境罽宾、 古波斯国疆域
乌弋山离、安息等国（以上据《汉书》），西则为西里亚。而小亚细亚诸小邦，仍各据土地为自主国。

汉武之建元五年，巴尔的西取巴比伦及美索不达迷亚两地。美索不达迷亚，即后亚西里亚之故土（今为土耳

其东土之摩苏尔、亚勒伯两部。巴尔的以巴比伦并入美索不达迷亚，故美部内兼有今帕古达）。于是，安息之西界及于两河间矣。亚尔美尼亚者，在美索不达迷亚之东北，小亚细亚之东（今为波斯亚塞尔拜然部北境，俄罗斯高加索山南、克尔河南地，及土耳其东土之埃尔斯伦、温尼两部地），亦周末西里亚分裂时自立为国者。至是颇强。汉昭之始元四年，亚尔美尼亚并西里亚而王之。五凤四年，罗马人始东伐，为巴尔的所败。元寿二年，罗马人取小亚细亚及亚尔美尼亚为属部。自是，印度河以西，地中海以东诸国，与罗马抗者，惟安息而已。汉平之世，罗马复立亚尔美尼亚国羁縻之。永平中，巴尔的与罗马争小亚细亚，连兵数十年不决。西里亚之巴勒斯坦人复叛罗马，罗马东方之地遂稍扰动矣（以上据西史）。

甘英使大秦至安息

章帝时，安息始通汉。和帝永元九年，甘英使大秦，至安息（以上据《后汉书》。按：《后汉书》言自安息西行三千四百里至阿蛮国，此则西史之亚尔美尼亚也。“亚尔”与“阿”同声，“美尼”之急读为“蛮”也。从阿蛮西行三千六百里至斯宾国，此则西史之美索不达迷亚也。“斯”、“索”一声，“不迷”之急读为“宾”，而省“美达”等字也。美索不达迷亚本在亚尔美尼亚西南，《后汉书》言西行，盖至其北境耳。从斯宾南行渡河，此则渡幼发拉的河也。又西南行至于罗国九百六十里，安息之西界极矣。自此南乘海乃通大秦，此则西史之西里亚国南境，曰巴勒斯坦者，即今之犹大也。尝属罗马，故有罗

12,3,4

国之名。亚尔美尼亚、西里亚，旧本合巴尔的为一国，后虽分立，仍为密迩之亲邻。西汉之季，虽为罗马所并，而东汉初，复各拥地合纵，故《后汉书》直指为安息西界，此则甘英使大秦抵条支，临大海之路程也。《前汉书》谓条支临西海，《后汉书》谓自乌弋山离复西南马行百馀日至条支，以地望准之，实为今阿剌伯。考之西人古地图，当东汉时，阿剌伯北境插入美索不达迷亚、西里亚两国之间，北近幼发拉的河，故甘英既渡河，遂西南入阿剌伯境，是为抵条支也。又西南至犹大境，是为至安息西界，欲渡海而船人阻之之处也。盖甘英以所纪之程上之朝廷，史据而书之，至今考之不爽。其所言里数，皆当时得之传闻。又中外里度不同，展转翻译，自难尽合，不必泥视也）。 阿剌伯地理考证

安帝元和四年，罗马允亚尔美尼亚及西里亚为自主国，而巴尔的始与罗马罢兵。至蜀汉之建兴四年，波斯旧王裔有曰亚尔达吉者，起兵灭巴尔的，自立为波斯王。波斯自周末亡国，至是再兴，号新波斯。而亚赛西王位凡传三十世而灭（此后有波斯无安息。《北史》、《魏书》、《隋书》之安息，盖即昭武九姓之安国，实在今霍罕西北，纳林河西岸，以为汉之安息，误甚。又魏、隋、唐书均以波斯为条支故地，亦失考）。波斯既立，复屡与罗马战，以争亚尔美尼亚、美索不达迷亚、西里亚诸部。诸部或东属波斯，或西属罗马，悉索敝赋，以待二大国之命，未尝少休。 新波斯

东晋孝武太元二十一年，罗马分为东西。东罗马都君士坦丁城（今为土耳其国都，据临黑勒斯奔海峡东口，在赤道北四十一度，京师偏西八十七度二十七分），以逼小亚细亚诸部。于是，小亚细亚、西里亚则属之东罗马。亚尔美尼亚、美索不达迷亚则属之波斯（按：《魏书》“波斯国都宿利城，城方十里，河经其中南流”，《隋书》“波斯国都达曷水之苏蔺城”，苏蔺即宿利，《周书》又作苏利，实一地也。今波斯境内无南流大水，惟美索不达迷亚之低格里河南流。又本魏、隋时，波斯西境“低格”与“达曷”又一声之转，是达曷水即低格里河无疑。西人古地图，低格里河上有塞柳萨城，在帕古达城之南，赤道北三十三度十分，京师偏西七十一度五十一分。“宿利”与“塞柳”亦一声之转，是宿利又即塞柳萨无疑。盖两河间为自古名胜，波斯既得美索不达迷亚，遂建都于其地焉）。

梁武帝大同中，波斯与东罗马战，克之。焚掠其都城而还（以上据西史）。隋末，西突厥统叶护讨残其国，杀其王库萨和（西史作哥士偻）。子施利（西史作思偻士）嗣，统叶护，使人监之。施利死，国人立其妹，突厥又杀之。国人迎施利子单羯立之。单羯死，子伊嗣俟（西史作伊索日耶）嗣（西史，隋开皇中，王何毛斯子哥士偻杀父自立，出兵伐土耳其，败绩归，罪将士而戮之，将士愤怨。其子思偻士又乘将士之怨起兵，杀哥士偻而自立，与土耳其和。未几暴死。至唐贞观六年，伊索日耶嗣立。

12,3,4

土耳其即突厥

按：“土耳其”即“突厥”一声之转，且同时与波斯构难者。中史言突厥，西史言土耳其，尤为土耳其即突厥之明证，惟事略异，盖中西传闻不同）。

唐贞观末，大食发兵击波斯，波斯遣使来告难，高宗以路远辞之，大食遂杀波斯王伊嗣俟，王子卑路斯奔吐火罗（即汉大月氏、罽宾之地）。大食兵去，吐火罗发兵立卑路斯为波斯王。龙朔元年，西域大通，以波斯国都疾陵城为波斯都督府（疾陵当为今波斯国都德希兰城。“德希”变为“疾兰陵”，声韵本同。地在赤道北三十五度四十四分，京师偏西六十五度一分，盖卑路斯所都），拜卑路斯为都督。二年，又立为波斯王。三年，大食复击波斯，破之。上元元年，卑路斯来朝，授武卫将军，寻卒，其子泥洹师留长安。调露元年，遣裴行俭送泥洹师归国，意在取西突厥也。及行俭既禽阿史那都支，遂不送泥洹师，泥洹师自还其国。不能达，留寓吐火罗，国遂并于大食（西史云：唐贞观六年，伊索日耶为波斯王。十三年，与阿剌伯人战，不胜，降于阿剌伯。永徽三年，复求援于中国，不至。明年，阿剌伯执伊索日耶，遂并波斯地。阿剌伯即大食。求援中国不至，谓遣使来告难，高宗辞之也。中西所纪，若合符节。但卑路斯以后事，西史不详，盖吐火罗立卑路斯，中国之置波斯都督府，均不久即为大食所破，故西史略之。《唐书》又言：有陀拔斯单者，其国三面阻山，北濒小海，居婆里城，世为波斯东大将。波斯灭，不臣大食。天宝后，亦为黑衣大食所灭。按：此当

德希兰（德黑兰）

阿剌伯并波斯地

在今波斯北境，所谓小海，即今之里海也。山即今德马温山，即马散地兰部地。其婆里城即今巴尔佛鲁什城，在赤道北三十六度三十四分，京师偏西六十三度四十八分）。

大食，即汉之条支国。《后汉书》："自乌弋山离西南马行百馀日，至条支。"条支国城在山上（即今之麦加城），周四十馀里（言立城之山），西临海（此下言全国疆域，海谓红海），海水曲环其南（谓阿剌伯海）及东（谓波斯海湾）、北（谓北临之地中海），三面路绝（谓东西南三面），惟西北隅通陆道（谓苏夷士沟通地中海之处，阿剌伯东北本与大地连。而《后汉书》不言者，以汉使所经之程由东北而西南，已言自乌弋山离西南马行百馀日至条支。则条支之东北通陆道，不待重言而知，故仅纪西北之不绝如颈者，以见形执）。按其地望形势，条支实今阿剌伯地。《太平御览》七百九十五引杜环《经行记》曰："大食一名亚俱罗。其王号慕门都。"按："亚俱罗"即"阿剌伯"之转音，盖西文"剌"字之前有转舌音，故变为"俱罗"，而省"伯"字耳。慕门都即阿剌伯教祖谟罕蓦德。"慕谟门"、"蓦都德"皆一声，但省"罕"字耳。是大食亦为今阿剌伯，则唐之大食即汉之条支（以上据汉、隋、唐史及《经行记》）。魏晋以后，中西记载俱缺。

大食即阿剌伯

陈宣帝大建三年，摩哈默生于麦加（即《圣武记》之墨克，今为阿剌伯黑德倭斯部会城，在赤道北二十一度二十一分，京师偏西七十六度十五分），体貌丰伟，异于

12,3,4

常见。长游四方，熟察人情，潜心物理。于摩西、耶稣二教之外创伊兰教（即回教），著书名曰《可兰》，信从者众。国人嫉之，摩哈默与其徒奔麦地拿（即《圣武记》之墨德，《明史》之默德那，今属黑德倭斯部，在赤道北二十四度五十八分，京师偏西七十六度二十八分）。其教益传，遂自号大教师。定回教纪元之岁，实为唐高宗武德五年。

黑石传说

旋攻麦加，取之。遂平阿剌伯全土及西里亚（时属东罗马），而大食之国遂大（《唐书·大食传》言：摩诃末勇而智，辟地三千里，克夏腊城。按：摩诃末即摩哈默，《明史》作马哈麻，又作谟罕蓦德，盖一声之转。《唐书》又言：隋大业中，有波斯国人牧于俱纷摩地那山，有兽人言曰："山西三穴有利兵，黑石而白文，得之者王。"走视如言，石文言"当反"。乃诡众衰亡命于恒曷水，劫商旅，保西鄙自王，移黑石宝之。西史亦言：麦加有大寺观，曰贾巴，中藏一黑石，国人崇之，谓为神所化，靡不诣拜。是宝黑石之事，中西史书所言皆合。《唐书》之波斯国人即指摩哈默俱纷，摩地那即麦地拿，但羡"俱纷"二字）。摩哈默死，凡奉其教者名沙兰生，故又以沙兰名国（《唐书·地理志》之三兰国当即沙兰之转）。贞观末，东取波斯，西据埃及（时属东罗马），又尽下西里亚诸城，而耶稣所生之耶路撒冷亦没入阿剌伯矣（《旧唐书》言：大食于龙朔初击破波斯、拂箖。按：拂箖，见于《唐书》，即西史所言西里亚之腓尼基，盖"腓尼”与“拂菻”本一声之转。三代时为名国，后为亚历山德所灭。至西里亚兴，属西里亚。自唐以来，中国知有拂菻，不知有西里亚，以拂菻为自古名胜之区也。究之，凡言拂菻者即指西里亚也。其地在今黎巴嫩山麓，赤道北三十三度，京师偏西八十一度。徐松龛以唐之拂菻为耶路撒冷城，近之，而未确耳）。

龙朔元年，翁米亚族摩亚维约为大教师，北迁大马士革，都之（今为土耳其东土西里亚部会城，在赤道北三十三度三十二分，京师偏西八十度四分）。睿宗时，以兵下阿非利加洲北境，又北逾吉布拉他海峡，逐峨特人，据西班牙而有之。天宝初，翁米亚族既衰，麦尔缩为大教师，怠惰纵逸，国人叛之。于是有亚巴士族、法知米的族共起兵，与翁米亚族争大教师位。亚巴士族，摩哈默叔父亚巴士之后裔也。法知米的族，摩哈默女婿阿厘之后裔也。三族之徒各异服色，亚巴士服黑，法知米的服绿，翁米亚服白。天宝九年，亚巴士人破翁米亚人，麦尔缩战死。翁米亚族出奔西班牙。自是国分为三，翁米亚族据西班牙，都哥尔多瓦城（今为西班牙哥尔多瓦部会城，在赤道北三十七度五十一分，京师偏西一百二十一度十分）；法知米的族据北阿非利加，都埃及之加义罗城（今为埃及国都，在赤道北三十度一分，京师偏西八十五度八分）；亚巴士族据阿刺伯旧壤，东迁于低格里河畔，筑帕古达城都之（今为土耳其东土帕古达部会城，在赤道北三十三度十九分，京师偏西七十一度五十八分），并名国

大食国分为三

12,3,4

曰帕古达（即《元史》报达国）。其后雄长东方，纵横于葱岭西南者，实亚巴士族也（以上据西史）。

《唐书·大食传》言：大食有孤列种，世本白衣（谓翁米亚族），传十四世，至末换（即麦尔绾），为国人所杀。求奚深后（奚深当为摩哈默之先），得阿蒲罗拔，立之（谓亚巴士族，“阿蒲”、“亚巴”一声之转，“罗拔”盖其君名也），号黑衣大食。阿蒲罗拔死，弟阿蒲恭拂（西史曰阿力曼）嗣。至德中，遣使入贡。代宗为元帅，用其兵以平两京。自是贡使不绝。阿蒲恭拂死，子迷地（西史曰马哈日）嗣。迷地死，子卒栖（西史曰马哈拉日）嗣。卒栖死，弟诃论（西史曰哈伦亚拉伯）嗣。贞元十四年，拜其使含嵯、乌鸡、沙白三人为中郎将，赉遣之是也（以上据《唐书》）。自是，摩哈默之遗种遂蔓延于中国矣。

“弟”原作“子”

时帕古达之境，西尽地中海、红海，北尽黑海、里海，南尽阿剌伯海湾，东抵印度河，东北至于葱岭矣。贞元十六年，帕古达王哈伦亚拉伯分王三子：阿明，王阿剌伯故国；阿母，王波斯及葱岭以西地；马得蛮，王亚尔美尼亚及西里亚。宪宗元和初，阿明嗣哈伦亚拉伯为大教师，遂并其弟阿母封地。元和九年，有将军曰大厚者据波斯叛，称大厚朝，是为波斯又立国之始。至咸通九年，有波斯人曰阿马者，起兵灭大厚朝，自立为色法里朝。波斯与大食至是遂分。而大食亦少衰弱矣。昭宗天复初，色法里朝亡。波斯之地北隶于葱岭西蕃部（西史谓之色蛮尼，

此处史实有误，起兵自立者应为阿马之兄雅各比

按当为西突厥地）。后唐明宗长兴四年，波斯人又建蒲牙狄朝，以马大道拉为王。政教风俗渐复其旧。自唐末，西突厥与突骑施相继不振。至宋太祖建隆三年，有西突厥遗种曰阿伯特真者，南徙入波斯东境，据伽寺尼（今属阿富汗，《瀛寰志略》作哈斯那，度分见前）立国为王，实土耳其国之始祖也。

土耳其者，突厥之转音也。盖东方人译西方人所称突厥之音，复不悉其人类之即突厥，遂转而为土耳其至今。土耳其国虽跨在欧、亚两洲之交，而葱岭之西，里海之东，旧为突厥地者，西图犹名为威斯特土耳其斯坦；葱岭之东，今之南八城，旧为突厥地者，西图犹名为伊斯特土耳其斯坦。译言：伊斯特，东也；威斯特，西也；斯坦，王也。犹言葱岭东西突厥王庭也。

阿伯特真既建伽寺尼国，帕古达大教师授位苏尔旦（即斯坦之转音），日渐强盛。至孙马毛多，于真宗咸平三年，西并波斯而据之。仁宗明道元年，突厥遗酋曰达路别克者，起撒马儿罕（即《佛国记》之飒秣建。度分见前），将兵南渡阿母河，袭波斯，克之。帕古达大教师复授苏尔旦。于是阿伯特真之裔亡，而达路别克王波斯，号色舒格朝。达路别克死，兄子阿士兰嗣，始伐东罗马。阿士兰死，子马勒沙嗣，勇武有远略，于神宗元丰七年，攻取东罗马之小亚细亚，名其地为罗恩。又夺帕古达之西里亚，疆域顿廓，威振一时，改号色力诸格朝。宁宗开禧中，土耳其别族又王于印度，于是西自地中海，东至印

土耳其旧史

度，大半为土耳其所有。嘉定十七年（元太祖十七年），元太祖西征波斯，克之。王吉剌丁东奔印度，色力诸格朝亡（以上据西史）。

《元史》：太祖十六年，攻卜哈尔城（《元史·地志》作阿八哈尔，《明史》作卜花尔，即今布哈尔回部会城，在赤道北三十九度四十六分，京师偏西五十一度五十三分）、劳燕分飞薛迷思干城（即寻思干城，《元史》误分为二，又作邪迷思干城，今为撒马儿罕，度分见前）、班勒纥城（即汉之大夏国都。丘长春《西游记》作班里城，今巴尔克城，度分见前），西域主札兰丁出奔。又云：皇四子拖雷等分攻徒思匿城、察兀尔等城，并下之。还攻木剌夷国（即木乃奚，见后），渡朔朔兰河（疑即阿富汗国侯勒特南之赫里河），与帝会兵，攻塔里塞寨，拔之（今波斯国哥剌森部有特尔塞斯城，即塔里塞寨也，在赤道北三十五度十分，京师偏西五十七度五十七分）。西域主札兰丁出奔。又《曷思麦里传》云：帝亲征，至薛迷思干城，与其主札剌丁战于月亦心揭赤之地，败之（薛迷思干系乃蛮地，盖波斯与乃蛮合从御元，故札剌丁北迎战于薛迷思干也）。追札剌丁于阿剌黑城，战于秃马温山（今波斯国马散地阑部南境有德马温山，高于海面二万尺，盖即秃马温也，在赤道北三十六度，京师偏西六十四度二十一分），又败之。追至憨颜城西寨，又败之。札剌丁逃入于海是也（以上据《元史》。海，里海也，南距秃马温山不及二百里。阿剌黑、憨颜等城，今虽不知确处，要在秃马温山南北。札兰丁、札剌丁、吉剌丁，本系一人，译音稍异耳。《元史》所谓西域主即波斯王）。于是土耳其疆域惟印度仍归土耳其别族；阿富汗、俾路支及波斯南境，为诸小部分守；西方之小亚细亚、西里亚，复归东罗马；两河间地，自属帕古达。为元所有者，阿母河两岸地及波斯北境耳。

土耳其为各国瓜分

理宗绍定初，元太祖卒。以皇子察哈台镇阿母河，波斯属之，以亚台为波斯督。淳祐十一年，元宪宗封弟火拉几为波斯王（火拉几当即《元史》之旭烈兀，又作旭烈，又作锡剌，又作锡里库，皆一声之转）。明年，命火拉几西征。至宝祐六年，征服两河间地，取帕古达。帕古达大教师，传六百馀年，至是而灭（以上据西史）。惟其种类居麦加城者，仍自号阿剌伯国。即《明史》所谓天方、默伽两国也。

元兵征西域

《元史·郭侃传》及刘郁《西使记》所云：壬子岁（即淳祐十二年），皇弟旭烈兀统诸军，奉诏西征。凡八年，拓境几万里。癸丑（宝祐元年）至木乃奚，破其兵，下一百二十八城。惟檐寒西一山，名乞都卜孤峰，峻绝不能失石，丙辰（宝祐四年）攻克之。木乃奚，在西域中最为凶悍，威胁邻国，霸四十馀年，既克，诛之无遗类（按：《西使记》言，三月十四日，过暗木河，即今阿母河也。十九日，过里丑城，即《郭宝玉传》之马里四城。今阿富汗国巴尔克城之东约百里，有马萨里什里福城，在赤道北三十六度四十分，京师偏西四十九度十分，即里丑

12,3,4

也。二十六日，过马兰城，今阿富汗国有迈满那城，在赤道北三十五度四十分，京师偏西五十一度二十三分，即马兰也。又过纳商城。二十九日，过殢埽儿城，始纪新得之国木乃奚。今虽纳商、殢埽儿不知确处，要之木乃奚在马兰之西不过三四百里，以今地准之，迈满那之西南有木尔哈河，西北流入沙漠者，与木乃奚音近，河畔当是木乃奚之地。又阿富汗国侯勒特城之北，有山曰乞都，应是乞都卜山。侯勒特在赤道北三十四度二十五分，京师偏西五十四度十七分）。丁巳（宝祐五年），取报达国（即帕古达，唐之黑衣大食也）。南北二千里，其王曰合里法（西史云大教师在帕古达者，国人呼之曰加利福，犹言王也。合里法，盖即加利福之转音）。其城有东西，城中有大河（即低格里河）。合里法以舸走，获焉。其俗富庶，为西域冠。宫殿皆以沉檀、乌木、降真为之，壁皆以黑、白玉为之（西史言帕古达大厦高瓦连亘府内）。其国六百馀年，传四十主（计自黑衣大食立国为始）。自报达之西，马行二十日，至天房（《明史》作天方，即今阿剌伯之麦地那城，度分见前）。下其城，内有天使神胡之祖葬处也（西史言摩哈默死，葬麦地拿。回教之徒每岁诣麦地拿礼拜者，数千里接踵）。又西行四十里，至密昔儿（当为今阿剌伯之麦加，即《明史》之默伽国。西文“加”之柔音读若“昔”，“加”之韵为“亚”，则转而为“儿”。但麦加在麦地那西南，不止四十里，是当时计里之差及传写之误。刘郁以密昔儿为唐之拂箖，不知拂箖即西里亚，在麦 史书传写之误地拿之东北二千里，而误指耳。《四裔年表》云：理宗景定二年辛酉，火拉几兵败于西里亚。是旭烈之师亦尝至西里亚，但在至密昔儿之后五年也），降之。戊午（宝祐六年），旭烈命侃西渡海（红海也），收富浪国（当为埃及国别部）。师还，至失罗子（即今波斯国法尔斯部之什拉自城，度分见前），至宾铁（即今波斯国吉德罗斯部之宾铁城，在赤道北二十六度十二分，京师偏西五十六度四十三分），皆败之。己未（开庆元年），破兀林（当在今俾路支国境内），游兵降之，得城一百二十四。至乞里弯（即今俾路支国之惹拉弯部，《瀛寰志略》作倭拉弯，在赤道北二十七度三十分，京师偏西五十度十六分），西域平是也（以上据《元史》）。

王权更迭

火拉几死，阿白加立。死，尼古达立，始从回教。死，阿肯立。死，铅多立。死，白度铅立，未六月，死。铅辰继之，下令强蒙古人从回教，出兵征巴勒斯坦及西里亚，克之。时元成宗大德四年也。死，马罕末乃可达立。死，阿夫山爱立。死，阿白立。死，每山立。死，马罕木立。死，其女克白克立。死，地罕大末立。死，苏立门立。死，阿思克六阿立。顺帝至正五年，始迁国都于帕古达（按：元灭波斯，封旭烈为波斯王，不知建国都于何地，惟《四裔年表》云：顺帝至正五年，大不里士大疫，死者三十万人，迁都于帕古达。因疫迁都，大不里士似即旧都。其地在今波斯之亚塞尔拜然部，赤道北三十八度五分，京师偏西七十度十六分，北近俄罗斯之高加索斯。西

12,3,4

史言：元太祖既得波斯，遂自波斯进兵高加索，以征俄罗斯。即《元史》所言由阿速征钦察之事。是太祖之兵，实由亚塞尔拜然而进，则大不里士必为当时要地，故宪宗封弟，即以为建藩之所。又魏先生源《俄罗斯盟聘记》所言：雍正五年，俄罗斯攻取西藏西南五千里之务鲁木，亦在大不里士城西南）。死，西格海山立。死，阿回司立。死，哈新立。死，阿米得立。时明太祖洪武十七年也。

于是，元之附马帖木儿于至正中受封，王撒马儿罕，执渐强。洪武、建文间，叠攻波斯，克其国都。阿米得出奔，波斯遂属于撒马儿罕。永乐三年，帖木儿将犯中国，师兴而死（《明史·撒马儿罕传》同）。旧王阿米得返国。永乐八年，帖木儿第四子削六加攻波斯，克之。阿米得败死，火拉儿之裔遂亡。削六加即《明史》之沙鲁哈，时据阿富汗之侯勒特（度分见前），号可拉生王，为大国（《明史·哈烈传》："哈烈，一名黑鲁，在撒马儿罕西南三千里，西域大国也。元附马帖木儿既君撒马儿罕，又遣其子沙鲁哈据哈烈。"按：哈烈、黑鲁、侯勒特，皆一声之转。《明史》之哈烈即西史之可拉生，盖《明史》以其都为国名也。今侯勒特之西，波斯所属有哥拉森部，即可拉生也。盖当时合侯勒特、哥拉森为一国，而都于侯勒特也。撒马儿罕、哈烈二国于明代贡献不绝，中叶以后，部落分割，君长以百数，名不可考矣）。

孝宗弘治十五年，有沙兰生人曰伊苏麦儿，起兵逐帖木儿子孙之在波斯者，自立为波斯王。是为波斯又立国，而蒙古族类始不王波斯。世宗嘉靖五年，帖木儿五世孙曰巴卑尔者复立国于喀布尔（度分见前）。既而巴卑尔东王印度，号特里，喀布尔属之。神宗万历二年，波斯迁都揩可温（在以拉亚日迷尔部，赤道北三十六度十四分，京师偏西六十六度三十分）。两河间之地遂入于土耳其。国初，波斯复迁都伊斯巴亨（度分见前）。土耳其、俄罗斯两国，始来争亚尔美尼亚之地。康熙五十四年，巴卑尔别

阿富汗立国

裔在喀布尔者渐兴起，有每安夫大拉自称阿富汗王，是为阿富汗立国之始。六十一年，阿富汗人马毛多以兵攻破伊斯巴亨，逐其王而王之。雍正九年，波斯旧王子他马司伯率国人逐阿富汗人，复王波斯。乾隆三年，波斯王那日尔撒东灭阿富汗，即乘胜入印度。十四年，阿富汗王子亚美沙又起兵复故土，与波斯抗。嘉庆中，阿富汗南境又分立俾路支国。于是，波斯旧疆又分而为三矣。道光四年，阿富汗内乱，其族类各据偏隅。而阿富汗一境又分为三，曰喀布尔（度分见前），曰侯勒特（度分见前，或即明哈烈后裔，亦未可知），曰堪达喀尔（在赤道北三十一度三十二分，京师偏西五十度五十九分）。喀布尔本阿富汗王所治，王强则两部服之，否则各据地自王。

近数十年来，印度之地尽属英吉利，西土耳其斯坦（葱岭西、里海东各回部也）、高加索斯（里海西、黑海之东地也）之地尽属俄罗斯，波斯、阿富汗介在两强之间。波斯以俄人之窥其西北也，常事俄；阿富汗以英人之

12,3,4

扼其东方也，常事英；于是英、俄交忌，互扰波、阿之边。侯勒特又介在波、阿之间，阿母河以南，切要地也，俄人思得之，以逼阿富汗。咸丰六年，俄使波斯袭侯勒特，英人虞其遂取之也，急遣兵船驰入波斯湾，掠加剌格岛（在赤道北二十九度十五分，偏西六十六度十一分），取布什尔（在法尔斯部，赤道北二十九度，京师偏西六十五度三十四分，即《瀛寰志略》之亚不支尔），波斯西南震动。明年，法兰西王拿破仑驰书说英、俄弭尔，乃立约，许侯勒特为自立国。至今，俄人常有窥侯勒特之意，而英人则常驻兵戍之。同治十二年，英、俄始议阿富汗北边之界，至光绪十年，始克成议。东自阿母河源，西至科遮沙里（在赤道北三十七度三十一分，京师偏西五十度三十七分），河南属阿，河北属俄；又自科遮沙里西至塞拉阶斯（为波斯东北边地，在赤道北三十六度三十二分，京师偏西五十五度六分）为直界，界南属阿，界北属俄。闻去年又改议，至今尚未定也。

英俄属地之争

当元太祖之取波斯也，土耳其人降为元之臣仆。迨元兵西略，土耳其人亦从之而西。有逃居于小亚细亚道罗山中者，招其同族，乘便略取小亚细亚地，势渐张。其酋长曰阿斯曼，雄武有大略，遂于至元三十年自立为国，是为今土耳其。旋建国都于白鲁萨城（《瀛寰志略》作补撒，今在土耳其何达温的格雅部，赤道北四十度十分，京师偏西八十七度十八分），称苏尔旦。至正十七年，侵东罗马，取加利波里城（《瀛寰志略》作加利城，今在土耳其

奥斯曼土耳其

埃德内部，赤道北四十度二十五分，京师偏西八十九度四十七分），遂夺他大尼海峡之险（即黑勒斯奔之西口）。二十三年，复取亚得里那浦（《瀛寰志略》作亚得安，今在土耳其埃德内部，赤道北四十一度四十二分，京师偏西八十九度五十一分），都之。明洪武中，北略保加利亚、塞尔维亚、袜拉几亚诸部地，威振一时。东罗马土宇大半为土耳其有。建文四年，土耳其人与撒马儿罕帖木儿战于昂拉哥（今在土耳其昂拉哥部，赤道北三十九度五十九分，京师偏西八十三度三十分），土人大败，死者三十万，国以不振。永乐中，苏尔旦马何美德枭雄善用兵，渐复其旧，又南都白鲁萨。景泰三年，大举攻君士坦丁（度分见前），陷之，杀东罗马王，灭其国，遂都君士坦丁。嘉靖中，以三十万众北侵匈牙利，南取阿剌伯，西南及于阿非利加。兵力之强，称当时第一。其幅员西至奥地利亚，东枕阿付腊底斯河，南尽埃及全境。睥睨天下，泰西诸国无敢抗颜行者（以上均据西史及西报）。故隋、唐之突厥强于北方，前史能详之，宋明之突厥，强于西方，至今无道之者，以不知土耳其即突厥也。国初以来，土耳其渐衰，常受制于俄罗斯矣。

初五日壬辰，舟行阿剌伯海。日中，舟人测日躔高弧，并校求时差，知所至为赤道北十一度五十一分，京师偏西五十七度二十六分。自昨午至此，行三百四十海里。测处北当阿剌伯之呵曼部。呵曼之北为阿尔谟斯海峡，盖波斯海湾之口也。

“峡”原作“湾”

12,3,5

阿尔谟斯本小岛名，一作呼尔谟斯。《瀛寰志略》谓之恶末屿（属波斯之拉里斯丹部，在赤道北二十七度五分，京师偏西六十度）。《明史》言忽鲁谟斯国居西海之极，盖即呼尔谟斯。然《明史》称为西洋大国，必非小岛所能当。以《明史》及《坤舆图说》（作阿尔母斯）所载土产、气候观之，则今濒阿尔谟斯海之地，如波斯之拉里斯丹部，阿剌伯之呵曼部，皆忽鲁谟斯旧疆。时移名异，惟海与岛尚存其旧耳。

此日所行海深至一万四千四百英尺，约合中度八里。计西来所经海道，惟锡兰岛南深一万六千英尺，为最深，而此处次之。西方地学家尝遍测大海，其最深处在南大西洋，当赤道南三十六度四十九分，京师偏西一百五十三度 海底最深处
三十二分，计深四万六千二百三十六英尺，约合中度二十五六里。考地面之山，以希玛纳雅之伊菲利斯为最高，高于海面二万九千又二英尺，山海比较，山之高尚不及海之深万馀尺也。

按：西人航海远驶大洋，茫无畔岸，惟借北极出地高孤以求地之经纬，则可识船行何地。于是按之于图，以罗 西人航海辨位之法
经辨行向，趋坦避险，舍纡就径，百无一误。其逐日测北极高度法：候日晷将午，用纪限仪屡测太阳高度，取其最高度加减太阳半径差为本处，太阳过午线泛高度，其时即本处午正；乃于泛高度内减去目高差及蒙气差，为太阳中心距海面实高度，以减象限九十度得太阳距本处天顶度。次检本日太阳赤纬度：若距天顶度与太阳赤纬度为同类

（同在赤道南北也），则两数相加；距天顶度与太阳赤纬度为不同类（一在赤南，一在赤北），则两数相减；惟测处在赤北黄道带下，居太阳南面者，或在赤南黄道带下，居太阳北面者，虽距天顶度与太阳赤纬度为同类，亦两数相减。其加减所得之度，即本处北极出地入地之度，亦即本处纬度。

至测经度，全赖度时表（时表之最准者）。其法先以度时表按其国所定子午线平时开准（钟表所定为平时，日晷所测为真时。盖黄道与赤道斜交，黄道出赤道南北，日转一周，系循各处距等圈，其阔狭本不齐，又有最高最庳、冬盈夏缩之异。真时实依日轨所出，逐日不同钟表所定，取通岁真时折中之率。两种时差数，行海通书列有成表），任行至何处，测得本处午正，加减本处时差（真时、平时之差），以与度时表较差若干时分，以之化度，即知本处距其国子午线偏东西若干度分。盖地体浑圆，居东者日出必早，居西者日出必迟，如此地早于彼地一小时，是此处在东十五度也（一昼夜二十四小时，计一千四百四十分。周天三百六十度，度六十分，共计二万一千六百分。以一四四〇除之，得一五，是时之一分等于度之十五分，四分等于一度，一小时化为十五度也）。他如测太阴、行星、恒星各曜过子午线，又或各曜不正过子午线，而以斜弧三角法算之，均可定北极出地度。

吾华古书于测度之事能详言之，但西人之术为加密耳。且多列为成表，临事稍加减，绝无布算之苦，艺以娴

12,3,6

纪限仪测度

而益精也。而测量之器，尤臻绝诣。行海皆用纪限仪，其器以铜为弧，等于全圆之六十度平分为一百二十度，每度六分之，是能辨十分左右。联两半径交于心，中加活半径，可移动如游表然。其末有小弧与仪之弧度相切，名曰复仪。复仪六十分等于弧度一百一十九分，以察微分能辨十秒。活半径与心相交之端有回光镜，正交仪面与活半径平行，右半径上亦有镜，半回光半透光。正交仪面与左半径平行，名曰际线镜。左半径上于际线镜相对处置远镜，定视轴与左半径成六十度角。如欲测甲乙二物点，先从远镜窥指际线镜之半透光镜，正对甲，乃移动活半径，令乙物光线入活半径端之回光镜，转射入际线镜之半回光镜，复转入远镜筒，使远镜见二物之象合于一，即定活半径。以显微镜视复仪起度，所指弧度之数为几度几十分，如复仪起度不正对弧度线，则数复仪起度至正对弧度线之度止，斯为几分几十秒，由是而角度生矣。盖甲乙二物线所交之角，由两回光镜相射而成，必倍大于仪上所成之角，故仪倍其分，以三十分为一度也。

初六日癸巳，舟行阿剌伯海。辰刻西过索哥德拉岛北。岛在赤道北十二度，京师偏西六十二度。北距阿剌伯亚达拉毛部之撒法儿岸八百六十里，西距阿非利加洲瓜达佛伊角四百三十里，东西长二百三十里，南北广六十里，为方里者一万一千七百四十七。其最高石峰高于海面四千六百五十六英尺，势甚嵯峨，望之如束笋插云际。山阿饶水草供畜牧，四边则硗瘠无生植。人民约盈万，土产有树胶、沉香、血竭。土人自举岛长，北属于阿剌伯之呵曼部。光绪初年，英吉利之亚于长官与呵曼长官立约，言此岛呵曼当自保之，无令他邦侵踞。近日英人以呵曼人不能守也，遂收为属岛。其北岸之撒法儿，即《明史》之祖法尔国，又作祖法儿、佐法儿。《明史》言其国产血竭、树脂，盖与索哥德拉近故，所产亦同。

日中，舟人测日躔高弧，并校求时差，知所至为赤道北十二度四十六分，京师偏西六十三度二分，盖在索哥德拉岛西北中。自昨午至此，行三百三十七海里。

三角版与沙漏测速

凡船行速率，用三角版与沙漏测之。三角版一边为弧式，悬铅坠下沉，俾能立浮，系绳于三角。有轴绕绳，滑轴使易转。放沙漏以玻璃为之，上下俱大，中要束小，仅通细孔，内盛极细沙，外口密封。倒转一次，上层沙由中要细孔漏入下层，沙尽恰等三十秒时。而牵三角版之绳，每五十一英尺作一结。法人则用十迈特测时，以三角版入海中拖行船后，轴转绳放，一人验绳，一人倾漏。漏尽数绳之结几何。如船行三十秒时，数绳已放十四结，则知一小时行十四海里。盖三十秒时与一小时之比，若五十一英尺与一海里之比，同为一百二十分之一。按用英、法之度作结，均有畸零，所谓五十一英尺、十迈特者，但取成数不能密合。若用华度，则五十尺与一海里之比，恰为一百二十分之一，盖一海里适合华度六千尺耳。索哥德拉之西南有数小岛，递接相望，高者亦入缥缈。

舟行亚丁海湾

初七日甲午，舟行入亚丁海湾。海面至此渐狭，南北

12,3,7

广约六百馀里，北为阿剌伯之亚达拉毛部，南为阿非利加之索谋里兰。日中，舟人测日躔高弧，并校求时差，知所至为赤道北十二度五十六分，京师偏西六十八度四十五分。北距亚达拉毛之侯拉约二百里。自昨午至此，行三百三十五海里。舟夜抵亚丁，泊焉。

亚丁为阿剌伯也门部南濒海之地，其地有两山南伸入海，势东西相向，如蟹之两螯。西山名哲贝尔海珊，其峰高于海面一千二百三十七英尺，地嘴自东南迤逦西北，至大地相接处约十二三里。东山即亚丁，三面环海，北与大地相接处狭如马颈，广仅二三里，长五六里，如香山之望厦汛。其南群峰丛矗，高者高于海面一千七百六英尺，南北约八九里，东西十二三里。亚丁市镇在山之东麓，而停泊恒在山西，在山西之纳斯达珊嘴对哲贝尔海珊为口门，广约十里，口内水深阔，无风涛之虞，甚便下碇也。 亚丁地貌

自纳斯达珊嘴登岸，绕山北濒海东行，逾峡即抵亚丁市镇。其地少雨，不生草木。英人于山阿凿池积水，终成枯涸，盖无泉脉耳。土人以皮囊盛水，自数十里外车载马驼不绝。市有瓜果蔬菜。苦炎热，土人颜色黝黑，以白布裹首，或戴红帽，盖回族也。状类贫苦。按：《明史》郑和所使之阿丹国即此，盖阿丹声转为亚丁也。嘉靖时，有通事言阿丹两山对峙，自为雌雄，殆即今亚丁与哲贝尔海珊两峰欤。道光中，英吉利贸易盛于印度，且渐及于广州，而舟行出红海，渡西印度洋，将万里始至锡兰。历时久，所载煤恒不足用于火轮，不便。道光十八年，始取亚

丁守之，为屯煤之所，俾往来火轮得停泊添煤。置吏治之，东隶于孟买长官，民口三万四千七百二十，属英之地，为方里者五百五十四。其地嘴在赤道北十二度五十分，京师偏西七十一度十一分。自亚丁南距索谋里兰岸约四百三四十里。临海值亚丁处，有埠名贝比拉，亦属于英。

索谋里兰（索马里兰）

初八日乙未，早起见土人争以驼鸟毛及卵壳索售。毛广四五寸，色白，间有黑驳者，软毳可爱。西妇以为冠饰，价颇昂，其税亦甚重。按：《汉书·西域传》所言大鸟，师古注谓之马爵。《后汉书》谓之条支大鸟，又谓之安息雀，言其卵如瓮。元、明史书名为驼鸟，或名驼鸡。盖此鸟高足长颈，颈仰曲作折，背隆起驼状，故以名之。今阿剌伯、波斯及阿非利加均产之。西人畜之，以驾小车行苑囿中。其卵壳大者，容斗水，甚珍贵。阿非利加人常盛水，或藏水置深山土穴，遇急伏山中，则取以解渴。

驼鸟

阿剌伯地分六部，有属于土耳其者，有自治者。曰黑德倭斯、曰亚西尔、曰也门，则土耳其之阿剌伯也。曰内惹德、曰呵曼、曰亚达拉毛，则自治之阿剌伯也。大约属土耳其者，多腴壤；自治之地，可耕种畜牧者，不过三分之二，其一均为沙漠。闻漠中夏时有异风，甚热，着肤如烙，中者辄死。风起时，天际线必黑如墨，惟骆驼先知之。遇风将至，驼辄长鸣，人当下驼伏地，以首面帖沙，驼亦如之。俟风过乃行，方保无恙，故行沙漠者甚险（《北史》云：且末西北有流沙数百里，夏日有热风，为

阿剌伯地分六部

12,3,8

行旅之患。风之所至，惟老驼预知之，即嗔而聚，立埋其口鼻于沙中，人每以为候，亦即将毡拥蔽鼻中。其风迅驶，斯须过尽，若不防者，必至危毙。按：汉之且末在今敦煌之西，罗布淖尔之南大漠中。《北史》所言即其地。其风境与阿剌伯无异，盖大漠之风，均为赤日所炽，其患遂同)。

土产有五谷、瓜果、葡萄、橘柚、棉花之类，铜、铅、盐、铁之矿皆备，但未开采。驼、马、牛、羊甚繁，而马尤名贵。西方人买战马者，必以阿剌伯马为最，取其耐暑而善走耳。民俗癖马、爱马恒过于妻子。马之良者，非騬不出境，为其遗种于他邦也。气候无冬夏，晴则酷暑，遇雨即凉，亦未尝有祁寒也。人类凡二，其一居止有定处，客止可观，务商贾，不好作乱，国人重之；其一以游牧为生，逐水草，无常所，而聪明才力亦逊。俗奉摩哈默之教，语言文字均遵可兰书。 土产丰富

钟十下，舟发亚丁，西行约九十海里，转而西北行入红海。口门广约五十里，东为阿剌伯也门部，西为阿非利加亚发部，口门曰巴白曼德峡，东近也门岸。有小岛，曰丕林，属英吉利，置灯塔岛上，为夜行入口之识。岛在赤道北十二度四十分，京师偏西七十二度五十六分，旧荒芜无人迹。咸丰五年，法兰西以红海为欧、亚两洲门户，而丕林实扼红海之要，于是遣将以兵舰据守之。未至，遇英吉利将，旧相识也。英将饮之酒，问所之，法将以往据岛对，英将颔之。酒未半，阳起更衣，遽遣所部潜树英帜于

丕林，复入座尽欢而别。法将至，望见英帜，大惊而还。于是丕林遂为英有。

舟行红海

初九日丙申，舟行红海，北过摩加之西，亚萨巴之东。摩加，也门部临海市埠。部之会城曰萨那，在摩加东北六七百里。亚萨巴，旧属亚发，近为意大里人所据。亚发之南为索谋里兰之亚德尔及哥拉土部，西为阿比西里亚国。《瀛寰志略》言：亚德尔河流交贯陇亩，肥饶宜黍稷。气候炎燥，乏阴雨。居民皆土番，奉回教。《海国图志》作阿匿尔，云：常与阿比西里亚争斗。其首部西腊为阿比西里亚所夺。按：西腊东临亚丁海湾，贸易颇盛，近日又为英吉利人所据。哥拉，即《海国图志》之牙尔腊，本为黑蛮，性残酷好杀，污秽不洁，侵据阿比西里亚之地颇多。阿比西里亚，即《职方外纪》之亚毗心域，《海国图志》之阿迈司尼。风俗杂摩哈默、耶稣之教，略具朝章，历代一姓传位，王族聚居高山，不与国人交接，以防异谋。俗好啖生肉，牧者饥饿辄割所牧牛羊肉啖之。徐中丞继畬谓阿比西里亚即《元史》之马八尔，努北阿即《元史》之俱蓝。魏先生源则以埃及为马八尔，阿比西里亚为俱蓝，均不知何据。

按：《元史》，世祖至元十六年，遣广东招讨使杨庭璧招俱蓝。至其国，国主书回回字，降表附庭璧以进。明年，庭璧再往招谕。自泉州入海行三月，抵僧伽那山，阻风乏粮，舟人劝往马八尔国，或可假陆以达俱蓝。从之。僧伽那山，即今锡兰岛，距阿非利加洋面殆万里，岂阻风

12,3,9

乏粮者所能达？以埃及、阿比西里亚为马八尔者，不辨而知其难信。今印度麻打拉萨所隶有马拉巴尔部（度分见前），南至锡兰仅隔海港，又与马八尔声近，则当日阻风乏粮渡此假道似为近之。由此推之，则俱蓝亦当在南印度。《宋史》有注辇国，《明史》有小葛兰国，与俱蓝均一声之转。《宋史》谓其国东距海五千里，西至西天竺千五百里。其里数不可据，然考其地望，当在西天竺之东。又与马八尔近，则在南印度无疑（今达拉王哥尔土国所属有固兰城，在赤道北八度五十二分，京师偏西三十九度四十九分。固兰即俱兰之转，以当俱蓝似为的确。惟嫌在马拉巴尔之南，与假道义不合）。

俱蓝地理考证

亚发，吾华载籍无言者，旧当为阿比西里亚别部。自哥拉北侵，阿之土宇日蹙，亚发亦自为部落矣。《海国图志》言：任尼罗国遇新酋立时，即屠其旧酋媵妾大官，取血以饰宫室。按其方位，似即今之亚发。

船又北过兴什岛、哲贝尔苏克岛之东。又西北过塞巴叶岛之东，堪穆林岛之西。堪穆林东近也门岸，属英吉利。又西北过哲贝尔特岛之东。

日中，舟人测日躔高弧，并校求时差，知所至为赤道北十六度九分，京师偏西七十五度六分。自亚丁至此，行三百四十一海里。测处东为法珊群岛，西为达鲁克群岛。

法珊属也门。达鲁克之西有岛曰马苏阿，其西大地南北环抱为澳岛塞其外。澳内甚便停泊，旧本阿比西里亚通商名埠，贸易繁盛。阿既不竞岛，西濒海之地自为部落，以属于阿。近来，意大里人屡与阿人战，遂据马苏阿埠，筑炮台，驻兵三千守之（《瀛寰志略》谓马苏阿岛属土耳其，或云埃及有官司驻此，盖昔年如是）。

初十日丁酉，舟向西北行。红海至此渐阔，东西距约六百里。东岸为阿剌伯之亚西尔部，西岸为阿非利加之努北阿国。努北阿在阿比西里亚之北，《万国地理全图集》作怒北，《地理备考》作卢比亚。旧本埃及属地，值埃及之衰，辄自为部落。国初康熙中，复归埃及兼摄（或云道光二年归埃及）。东南多山谷，西北沙漠辽阔，幸尼罗河上游各源自南而北经过其地，濒河多膏腴，尚饶土产。

撒哈拉大漠

努北阿、阿比西里亚之西北为撒哈拉大漠，漠南为苏丹群土部，实阿非利加之腹地。沙碛万里，间有水草，土人依之游牧为部落，与外人绝往还。西方人未尝考测其地。晚近间，有冒险往游者，能言其疆域，绘为舆图。然亦非详明者，以限于势而不能也。殆天留此榛狉，以待后贤之启辟欤？

红海居阿非利加、阿剌伯之间，两地皆数千里大漠，无草木蔽阴，赤日蒸沙，炎歊特甚。故东西风均从大漠来，挟暑流炎，渡红海者恒苦之。余自入红海，幸日得北风，一荡烦暑，尚不至苦恼也。

又西北过苏亚金之东。苏亚金为努北亚属部，小有市埠。

日中，舟人测日躔高弧，并校求时差，知所至为赤道北二十度四十二分，京师偏西七十七度五十四分。自昨午

12,3,11

至此，行三百一十四海里。测处东距阿剌伯黑德倭斯岸一百五十里，西距苏亚金岸二百三十里。黑德倭斯部会城即麦加（度分见前），《明史》之默伽国也。其默德拿一名天方者，在麦加之北，约七百里。麦加西距海岸约二百里。二处皆摩哈默遗迹。

十一日戊戌，舟向西北行过烟波之西。烟波属黑德倭斯部，小有市埠。

又西北过布勒尼西之东。布勒尼西属埃及国之埃斯内部，其北有地嘴东伸入海，可以停泊。

又北行，隐约望西岸有山，高出云表。其山名伊美拉尔得峰，高于海面八千三百英尺。

日中，舟人测日躔高弧，并校求时差，知所至为赤道北二十五度八分，京师偏西八十度四十九分。自昨午至此，行三百一十四海里。测处东距黑德倭斯岸二百九十里，西距埃斯内岸一百三十四里。

按：埃及，又名麦西，为西方最古之国。西史言其建国之始，在西历纪元前三千八百馀年，略计之，实为炎黄以前。其第一朝曰美内士，文物制度颇盛。唐尧时，有腓尼司牧人侵入其国，国俗大变，于是埃及君民咸以畜牧为生。夏帝不降时，伊西比亚酋始兼王埃及。伊西比亚者，努北阿、阿比西里亚二部之总名也。商小乙时，为埃及第十七朝。其主拉墨塞能强其国，北取小亚细亚，西略欧罗巴，至多瑙河（源出日耳曼巴敦国阜林英城西北山中，东流经日耳曼、奥斯马加、塞尔维亚、罗马尼亚之南、保 埃及古国加利亚之北，东入黑海，行四千七百三十里，为欧洲大河）。穷土木之盛，尝营宫殿百处，古今艳称之。至周景王二十年，波斯王居鲁士抚有亚洲、西域广土，遂并埃及而有之。显王三十九年，马基顿王亚历山德灭波斯，埃及亦归马基顿。亚历山德建城于尼罗河口，以己名命之。至今为胜地。亚历山德死，国分。显王四十六年，亚历山德之将曰多利买剌基者，据埃及为王，雄武有略。藏书七十万卷于亚历山德城，学术大备。传子孙三世，富饶当时，号为黄金时世。至汉成帝时，有女王姑娄巴多拉，姿容绝艳，才力称之。然悖理无道，国人怨叛。建始三年，为罗马所灭。东晋孝武大元二十一年，罗马分东西，埃及属东罗马。唐贞观十四年，为大食所掠取。大食人（西史称为沙兰生人）焚亚历山德城，藏书古籍荡然。西方人惜之，比之吾华秦火。埃及既入大食，风俗教化尽变回教，回酋始都于加义罗（度分见前）。延及前明景泰中，土耳其盛强，既灭阿剌伯，遂并埃及。国朝乾隆中，法兰西拿破仑以兵侵埃及，土军与之战，不利，拿破仑遂遣古勒巴尔统法兵驻守之。嘉庆六年，英吉利以兵逐法军，埃及乃复归土耳其。于是有墨非麦德阿里者，土所置埃及督也，有功于埃及，兴海陆军，开学校如欧洲制，势渐强。十六年，土王许阿里主埃及，传位如土例，立长不定传子。道光十四年，阿里举兵叛土。且北侵西里亚地，土人击之，不克。会欧洲各国援土，始反侵地。同治五年，土耳其始令埃及岁贡，为藩国，而传位则子孙世及，不复守土例

埃及艳后

12,3,12

矣。十二年，土王许埃及主与各国立约通商，并添设兵额。埃及名为土属，实则可以自专矣。光绪四年，埃及之度支不理，埃君请于英、法两大国，愿得心计之人为理财赋。于是英遣惠尔生，法遣留瑟往治财赋，而埃及财赋之权遂为英、法人所掌（观土耳其之许埃及与各国立约，侵而至于自专，则知吾华之许朝鲜与各国立约为失权。观埃及之请英、法人理财，而利权遂为英、法人所掌，则知吾华之用赫德治税务为非计。土耳其，西方之乱国也。埃及，回族之孱王也。一举事西人，辄因利乘便而谋之。不谓吾华以声名文物之多，地大物博之盛，蹈其辙而不顾，此漆室所以长吟，而贾生所以痛哭也）。光绪七年，埃及之苏丹人作乱，聚徒数千，势甚张，埃军不能平。英吉利遣兵助剿，败乱党，追奔数百里，即留兵戍之，至今不撤。土耳其怨英人夺其保埃及之权，尝遣使辨论，促英撤戍。英人应之曰：俟埃及能保其国，英军即归。土人不能竞也。

土埃丧权警示吾华

十二日己亥，舟向西北行过科西尔之东。科西尔属埃及之给内部。舟行至此，红海东岸亦为埃及之弥的安部，盖埃及疆域跨红海之北，东与阿剌伯接壤，故东岸有埃及地也。

又西北行过齐尔日部之东。又西北行过亚西乌德部之东。亚西乌德城在尼罗河西，为埃及名镇。埃及所修铁路，北自亚历山德，南达于此。

又西北行入苏夷士海湾。红海之北有西奈山，南伸入海，分海为二，东为亚喀巴海湾，西为苏夷士海湾，均广不过百里，而亚喀巴海湾尤短。

又西北行过迷尼亚部之东，西奈部之西，此间海面既狭，东西两岸均在望，东望西奈山矗出众峰，高于海面八千四百五十英尺。商小乙时，犹大人摩西与其族自埃及归至西奈山，有神人降于山，授摩西十诫，摩西乃作《旧约书》，相传至今，西方人奉之为教祖。

又西北行过给塞部之东。日中，舟人测日躔高弧，并校求时差，知所至为赤道北二十九度五十二分，京师偏西八十三度五十三分。自昨午至此，行三百三十九海里。

又北行四海里，至苏夷士泊焉。苏夷士属沙克部，为埃及名埠，在加义罗之东二百馀里，有铁路达加义罗及亚历山德、罗斯大、达迷也大等埠，民口一万一千。凡埃及濒红海西岸地，多产煤油，埃人视为利薮，故苏夷士出口货以煤油为大宗。

苏夷士运河

午钟二下，复启碇北行，入新开河。新开河者，旧本亚细亚、阿非利加两洲交界之地，颈广约三百里，以隔断地中海、红海。昔人航海者，至苏夷士即疑为海之尽处，不知北逾三百里更有地中海，西出地中海更有大西洋也。此河未开，西人市舶东来者，率由大西洋经阿非利加洲之南入印度洋，经苏门答剌南入巽他峡至南洋，绕道三万馀里。咸丰十年，始议沟通两海，集金钱一千六百万，法兰西人勒塞拍斯（即留瑟）董其役。至同治八年，始克成

运河通行之法

工，名曰新开河。河身不甚广，仅容过火轮大船，亦间有

12,3,13

阔处。西岸设电线，置电房相望。凡南船先入隘处者，电房即电知北船，令停阔处，俟南船过隘，然后南行。若北船先入，南船亦如之，因不能疾驶。两岸积土沙易于下渍，常有机船取泥以为疏浚。船过者悉按载货顿数稽征。闻河初成时，稽征甚重，每载货一顿征法银十佛郎又二分佛郎之一，载客一人征法银十佛郎，今则稍减矣（沙驾林船能载四千顿，仅征二万一千佛郎）。去岁所收，计金钱二百二十四万一千。岁费外尚大有赢馀，以为开河公司之利。西人记载云："周匡王之世，有埃及国王法老尼谷者，欲沟通此处，兴工十二阅月，死者十二万人，而工不成。"今竟能沟通之，宜西人自诩智力胜于古人也。船禁夜行，以司电者不望见南北船来往也。此夜泊河中。 夜泊河中

十三日庚子，舟行新开河。计自苏夷士北行四十七里，入小白特湖。湖面广二十三四里，水颇深，轮船往来无碍。行三十三里，出湖口，河身复狭。

又北行十里，过塞拉本之东。塞拉本小有市镇。西行三四里，即达铁路。

又西北行二十里，入大木萨湖。湖面广约八里，水浅，仅中通一泓。湖之西北岸有市镇，曰伊斯马拉，属沙克部。有铁路西通加义罗。自苏夷士至此，铁路即傍河西岸，过此以北，河与路相离渐远矣。又北行十里出湖口。

又北行四十六七里，过巴拉湖。湖水甚浅，筑堤束水。行船过者不见湖面之广也。

又北行七八里，过堪特拉之西。堪特拉属西奈部。自

此以北，河西岸堤外为弥萨勒湖。湖水浩漫百馀里，东北通波特塞得，西北至于达迷也大，北与地中海接处有长小岛断续相间。湖内小岛甚多，水浅，仅通小船。新开河即傍湖东岸，加浚筑堤北达也。

又北行八十里，出新开河北口，至波特塞得泊焉。自苏夷士至波特塞得，计八十七海里，合中度二百九十里。波特塞得属沙克部，在赤道北三十一度十九分，京师偏西八十四度八分。北临地中海，南濒弥萨勒湖，东倚新开河入地中海处，其地南北广仅三里，东西长亘，西与长小岛接。以塞弥萨勒湖之口，市埠之北，砌石为长堤，北伸入海约三里，以蔽西北风。市埠颇繁盛，民口一万六千五百六十。多法兰西人，语言皆操法音，风俗淫乱，盖染法人之俗。

尼罗河岸土地肥沃

按：埃及虽古国，然地多沙碛，惟濒尼罗河两岸地称沃壤。以河水每岁涨溢，横流数十里，水之所至，土田受浸润之益，与灌溉同功，故小民观水大小以占岁丰歉。通国疆域为方里者四百一十四万四千九百九十四，民口六百八十万六千三百八十一。多奉回教，颜色黝黑如阿剌伯人。额兵九千五百，铁路三千二百三十馀里，电线一万五千七百二十馀里。光绪十二年，所入英金钱九百六十万；所费英金钱九百五十七万六千，而国债逾万万之数。入口货值英金八百四万九千四百六十七，出口货值英金一千三十八万九千三百五十三。夜钟十一下，启碇西北行入地中海。

十四日辛丑，舟西北行。按：地中海为亚细亚、欧罗

12,3,14

巴、阿非利加三洲所跨。其踞海之东岸者，为阿剌伯、为亚里亚、为小亚细亚（三部皆属土耳其），此亚细亚洲西临地中海之地也。其踞海之北岸者，为土耳其、为希腊、为奥斯马加、为意大里、为法兰西、为西班牙，此欧罗巴洲南临地中海之地也。其踞海之南岸者，为埃及、为的黎波里、为突尼斯、为阿尔及耳、为摩洛哥，此阿非利加洲北临地中海之地也。三面环以大地，东西长七千里，南北广二千里，水面积为方里者九百六十五万。惟西班牙、摩洛哥两国间之直布罗陀海峡西通大西洋，土耳其之他大尼里海峡东北通黑海，埃及之新开河东南通红海。新开河为人力所成，固狭隘，仅容单舰。即直布罗陀峡广亦仅三十里，他大尼里峡广仅十里。其东北口之暴斯勿勒斯峡最狭处仅一千八百英尺，是广不及一里。三口均为海之咽吭。海岸诸埠四达三洲，内地物产菁华尽萃于斯，故欧洲人恒视此海为通商要区。而英吉利僻在西北，距地中海悬远，其经营地中海为尤切。康熙四十三年，英人乘奥西用兵之际，遽以水师攻取西班牙之直布罗陀，筑坚台，置大炮，屯重兵以守地中海之西口。嘉定五年，英人又取地中海之马里他二岛，置船坞，为停泊兵轮之埠。

地中海为通商要区

俄罗斯地处北漠，西方虽濒波罗的海，其船必经德意志、瑞典、挪瓦、嗹马诸国之境，然后出赫尔森哥之隘，而达于西北大洋。路既迂回，德、嗹、瑞诸邦常思扼赫尔森哥以阻之。且冬寒，海口冰塞，船不能驶，惟南自黑海出他大尼里峡以达地中海，则近而便。土耳其国政久衰，俄人思乘隙取之，以据他大尼里之险。故土耳其西方之地，如罗马尼亚、保加利亚、塞尔维亚、蒙特勒格罗诸部，俄人皆阴使之次第叛土，自立而保之。

英俄他大尼里峡之争

英人恶俄之欲据他大尼里也，且蚕食渐南，欧洲中原各国势将不支，于是出而与德、法、奥、意为约从之计，以御强俄，保弱土。咸丰六年，法都巴黎之约，禁黑海驶兵船，实所以阻俄也。后虽不能守约，然光绪四年俄师入土，君士坦丁戒严，英兵轮即驶入他大尼里峡，泊马摩拉海以援土，俄终义和。于是土人割地中海东偏之塞浦洛斯岛归之英，约以岛之岁入养兵备俄。是英人之守塞浦洛斯，又所以保他大尼里峡也。

新开河本埃及地，近年英人常驻兵埃及，名为平苏丹之乱，实欲保新开河，无为他人所夺。于红海南口，又扼丕林、亚丁，以为新开河应援。故英人于地中海三口，均布置无遗。西人咸服其深思远虑，宜乎雄长欧洲也（按：俄人南出之路，既不畅行于波罗的海，又不畅行于他大尼里峡，于是有自高加索斯南侵亚尔美尼亚，顺低格里河南下，入波斯海之意。而土、俄议和，时英人辄发其计，立约阻之。俄乃自黑海东岸之巴统东，达里海西岸之巴库，又自里海东岸之美喀罗佛斯科，东南至波斯东北之查查，均造铁路通火车，意欲东南出侯勒特，以窥印度。英人知之，阿富汗之戍愈严。且与俄议阿富汗北边之界，自阿母河上游，西至塞拉阶斯以南之地，俄人不得稍越。俄之计欲穷，遂肆其志。于东略自查查东北至谋夫，又东北至查

12,3,14

周渡阿母河，又东北至布哈尔，又东北至撒马儿罕，已次第造成铁路，仍将拓修北路。东北经伊黎塔尔、巴哈台之西，又东北绕金山之北，又东逾外兴安岭，又东循黑龙江之北，至白叠罗斯科之东，渡黑龙江，溯乌苏里江南上，达于图们江口，约略计之所历万馀里。考光绪十三年至十四年，所成查周至撒马儿罕之路，约八百里。以斯比计，欲成此工，当在十年之后。然俄人于图们江口亦修造铁路，渐次西北，期与西方之路接，东西并举，成工必速。此路若成，吾华之北与西与东三面均为俄之铁路环绕，彼则处处可以运兵，处处可以屯饷，即处处可以犯边。窃恐将来防边之亟，甚于防海矣。节节而防之，必有防不胜防之害，不如亦修铁路以通兵饷。其路当东自牛庄海口，东北达奉天，又东北达吉林，依松花江而下，溯嫩江而上，西北达齐齐哈尔。又西逾内兴安岭达呼伦贝尔，傍克鲁伦河而西达库伦。又西达乌里雅苏台，又西达科布多，又西南逾阿尔泰山达布伦托海。又西达塔尔巴哈台，又西南达伊黎转而东达乌鲁木齐，又东南逾天山达土鲁番转而西南达喀剌沙尔。又西南达库车，又西南达阿克苏，又西南达喀什噶尔，总计亦万馀里。于是置制造军械火药局于牛庄，择各处卡伦要害筑炮台，屯精兵，通电报，一旦有警，不难以沈阳之雄军，救乌孙之急，用于阗之宝玉犒辽海之师，又何俄患之足虞哉？且新疆及外蒙古各部所产，或矿石，或毡毛，均可运出海疆，富国之计胥在乎此。或谓俄之铁路，意在振兴商务。东西铁路既通，势必自图们

俄修铁路三面环华

江口南侵高丽以为商埠，独不筹所以保高丽乎？诚哉是言，余岂忘之高丽本我藩属，俄苟侵高，即为侵我，我果自强，俄人自不生心。但俄之用心，必使高为自主之国，彼方从而保护之，收为己有。观俄所以待土耳其西方诸部可知，不谓吾华当事反听高与各国立约，以虚我辖属国之权，此高事所以难于挽救也。不已，惟以高为公保之国，尚不至俄之实逼处，此光绪十一年，英人之据巨文岛也。原所以扼俄，俄之强，英之弱也。俄人若得高丽，与日本仅一水之隔，日人亦有所不利。果能西结英人，东联日本，约以共保高丽，且明告天下万国，请以高丽为兵甲不到之国，同于西方之瑞士、比利时、卢森不尔厄，则高丽可以长存，我之屏蔽不至为他族所据矣）。

俄之对华野心

日中，舟人测日躔高弧，并校求时差，知所至为赤道北三十二度三十二分，京师偏西八十六度四十一分。自波特塞得至此，行一百五十八海里。测处北距土耳其所属小亚细亚之加拉马尼亚部岸七百一十里，南距埃及之亚历山德城二百八十六里。

亚历山德为埃及名埠，即马基顿王所筑者。尼罗河支流至此入海。尼罗河源出赤道下，京师偏西八十三度。其源为大湖，曰威克多利亚，约方六百里，湖面高于海面三千八百英尺。水出湖北，流为悬瀑。又向西北流经木鲁里（苏丹土部亚魁多来尔普罗甫之属城）之东，转而东北流，又转而西为悬瀑，与阿尔伯特湖水合。阿尔伯特湖长约三百里，广半之，湖面高于海面二千七百二十英尺。自

亚历山大港（Alexandria）

尼罗河流经之地

12,3,14

威克多利亚湖至此，约行九百里，而高下相悬千馀尺。又北流过拉多（亚魁多来尔普罗甫会城）之东，又北流入努北阿部，过法绍达之东；又北流曰白尼罗河，过哥尔多番（苏丹土部）之东；又北流至喀杜穆（努北阿会城），西北有蓝尼罗河，东南自阿比西里亚西北流来会。喀杜穆高于海面一千二百四十英尺，自阿尔伯特湖至此，约行三千馀里，而高下相悬一千四百馀尺。又北流至亚布亨美得之西北，转而西流；又转而北流，过新当哥拿之东；又东北流入埃及之埃斯内部，过得尔之北；又北流过亚苏安之西。亚苏安高于海面三百五十五英尺，自喀杜穆至此，约行三千里，而高下相悬仅八百五十尺，然此三千里间有著名急流六处。又西北流过埃斯内城之东，又北流入给内部，又西北流入齐尔日部，又西北流入亚西乌德部，又北流入迷尼亚部，又东北流入白尼随弗部，又北流入给塞部，又北流过加义罗城之西，又北流至美奴部，分为无数支流。其东大支东北流，过美奴部之东，给里乌波部之西；又北过沙克部之西，又北过加比部之东，达迷也大部之西；又东北至达迷也大城北，入地中海。其西大支西北流，过美奴部之西，巴哈拉部之东；又西北过加比部之西，又西北至罗斯大城东北，入地中海。亚历山德在罗斯大之西百五十里，有支港相通海口，极便停泊。故为名埠。

按：宇宙间大水，以米利坚之密士失必河为最长，行一万一千六百里。中国大江次之，行九千二百里。尼罗河又次之，行八千七百里。

河流长度有误，尼罗河实为世界第一长河

西征纪程卷四

罗得岛
(Rhodes)

十五日壬寅，舟向西北行过罗得岛之南。罗得岛属土耳其之小亚细亚，为方里者三千三百七十二。城埠甚佳，民口四万馀。地肥饶，产蜜腊油、无花果、葡萄，气候清爽，少疾病。岛北距大地约三十里。传言古有大石人，高逾百丈，两足跨岛与大地间海峡，巨舰过跨下无碍，名为喀脑塞斯，西方称为故事。

又西北行过斯加班多岛之南。斯加班多，罗得岛西南小岛也。

又西北行过干地亚岛之南。干地亚为土耳其西土正地八部之一。岛东西长四百六十四里，南北广处一百二十里，为方里者二万七千八百四十六。中有高山东西亘，其最高峰曰埃的亚，高于海面八千又六十英尺，四时积雪不消，与日光交辉，望之璀璨悦目。岛中气候宜人，繁草木，产葡萄、橄榄，凡热带下果木，此岛宜种。其会城亦

12,3,15

曰干地亚，在山北，临海，适当岛东西之中。其西偏北临海有埠曰干尼亚，尤扼要，有海湾。同治八年，岛人作乱，土人平之。因于干尼亚海湾置船坞，为停泊兵轮之埠。

干地亚之北，名爱琴海，西为希腊，北为土耳其西土，东为小亚细亚，三面环抱，仅东北一道通黑海，即他大尼里峡也。南则干地亚岛，横亘以塞爱琴海口门。窃谓立国于土耳其者，苟能西据希腊，东守小亚细亚，南扼干地亚，以为门户屏蔽，则不独他大尼里可恃为险要也。

土耳其素称腴壤，五谷皆宜。虽民不务业，地未尽辟，而每岁所收尚有馀粟。五金、盐、煤之矿皆备，均封藏于山，未尝开采。故土耳其之形胜、土地，均推西方第一。惜人事不振，日见侵削耳。今所存西土正地，北与东罗马尼亚、保加利亚、塞尔维亚、波斯尼亚、蒙特勒格罗五部接壤，西临亚得亚海湾，东临黑海，南之西偏与希腊界，东偏与小亚细亚界，中间临爱琴海。为方里者五十三万五千九百五十二（小亚细亚为方里五百七十万五千六百六十），民口四百五十万。平时养兵十五万九千一百二十二，战时兵额六十一万二千，兵轮六十四艘，中有铁甲十五艘，水师四万五百七十二。光绪十年所入英金钱一千六百六十五万磅，所费浮于所入二百六十一万磅，国债一万八千万。进口货值英金钱一千八百六十三万二千九百磅，出口货值少于进口货值七百一十九万六千三百四十磅。铁路二千六百二十里，电线一万五千五百七十四里。

土耳其物产丰腴

爱琴海中小岛罗列相望，其近西岸者属希腊，近东岸者属小亚细亚。

日中，舟人测日躔高弧，并校求时差，知所至为赤道北三十四度四十六分，京师偏西九十二度四十三分。自昨午至此，行三百一十五海里。测处北距干地亚偏南岸一百里，东距干地亚南之加福多小岛六十里，南距的黎波里之巴尔加部岸五百三十三里。的黎波里，阿非利加之回教国也，属土耳其。

十六日癸卯，天将明，风起浪作。浪高于船，常从船顶拍过。舟人以绳为绵蕞，扶之而行。余不胜荡摇，坚卧不起。早钟十下，始勉起就食，风亦稍小矣。

希腊之兴亡复国

舟向西北行过希腊之南。希腊，欧罗巴洲古国。自皇古至于周秦称极盛，声名文物比之吾华邹鲁。至汉景帝时，罗马兴，遂灭希腊，疆圉其地。东晋孝武大元中，罗马分东西，东罗马都君士坦丁，希腊属焉。明景泰中，土耳其人灭东罗马，希腊遂并入土耳其。希腊人苦土之虐政，尝思自立为国，畏土强不敢发。至嘉、道之间，希腊人始起兵叛土，数与战，不胜。道光八年，希腊请援于俄罗斯，俄以兵十万入土。英吉利、法兰西恐俄人之得志于土也，乃合兵抗俄。明年，英、法兵迫俄与土和，返土侵地，并令土听希腊立国，于是希腊亡二千年，至是复为国。咸、同以来，希、土尝以边事构怨，诸大国辄为调停之。闻去岁保加利亚与塞尔维亚交兵，希腊因起兵侵土疆。诸大国不直希所为，且恐兴兵构难挠欧洲大局，于是

12,3,16

英、德、俄、奥、意五国议会兵船于希腊海疆，以退希腊兵。惟法不欲以兵船会，但告驻希使者使释土、希之图。月前，五国致书于希云：五国兵船已集于贵国境上，惟贵国于八日内罢兵，则五国兵各自返轮，不然，各国之兵易集难解，将进封贵国之海口矣。惟贵国图之。希腊不报亦不收军，盖恃法为援也。月初，五国驻希使者皆束装出境，以示失好。现闻英之铁甲三艘，意之铁甲三艘，德铁甲一艘，奥铁甲一艘，俄铁甲二艘，并水雷船、小炮船、钢板巡船共十馀艘，已进封希腊各口，禁希腊兵、商船出入。五国之兵非欲战也，欲希腊勿与土战也。希腊君臣至是始知悔，度不久当弭兵矣。 “板”原作“版”

按：希腊疆域，北与土耳其界，东西南三面环海，附近岛屿皆收为版图，共为方里者二十万九千七百六十六，民口一百九十八万。额兵二万六千三百四十，兵船七十九艘，仅铁甲二艘，馀多水雷船，水师二千一百三十五。光绪十年所入英金钱三百八十五万六千七百二十五磅，所费尚少于岁入十二万七千六百四十九磅；国债英金钱二千五百万磅；进口货值英金钱四百二十三万六百一十五磅，出口货值多于进口货值五十万二千八百一十七磅。铁路九百四十八里。观其国计与出口货，尚较胜土耳其也。

又西北行过亚得亚海口之南。亚得亚海，地中海之子海也。西与北为意大里，东北为奥斯马加，东为土耳其。海狭而长，自西北至东南约一千四百里，广约四百里，其南口通地中海处广仅一百三十里。 亚得亚海 (Adriatic-sea)

日中，舟人测日躔高弧，并校求时差，知所至为赤道北三十六度五十二分，京师偏西九十八度二十七分。自昨午至此，行三百又七海里。测处北距意大里亚浦里亚之勤塞部哥利波里埠六百六十六里，西距意大里西治里岛诺托部之亚福拉埠四百七十里，东距希腊美塞尼亚部之纳瓦里那埠六百里，南距的黎波里之西德拉海岸一千二百里。

十七日甲辰，舟向西北行过意大里加拉布里亚部之南，西治里岛之东，转而北行入墨西拿海峡，过勒格俄（属加拉布里亚部）之西。又北过墨西拿（属西治里）之东，又转而东北行出峡。峡为意大里南嘴与西治里岛间之海，南北长六十七里，南口广约五十里，北口广仅六里。勒格俄与墨西拿峡两岸为市埠，颇繁盛。

罗马旧史

按：意大里古时，诸族杂处。周平王时，有罗慕路创建罗马国。西汉时称强盛，疆域西尽大西洋，北跨日耳曼，东及小亚细亚、西里亚，南括阿非利加北境。至东晋大元中，分为东西两帝。西帝都罗马，实辖今意大里。宋元徽四年，日耳曼酋长阿道塞南灭西罗马，据其地称意大里王。罗马有意大里，凡一千二百二十馀年而亡。齐永明十一年，北狄峨特复灭阿道塞，而王其地。梁承圣三年，东罗马帝遣将入意大里，逐峨特，于是，意大里无主。绍泰初，国人始立摄王。至陈大建二年，北意大里人始立伦巴多国，渐南侵摄王地。唐天宝中，伦巴多遂去摄王，而罗马教皇之权始大。

教皇者，耶稣教之教统也。初仅结庐罗马郭外，东晋

12,3,17

建元初，各国教士尊之为教皇，凡教事悉听命焉。至是摄王亡，教皇遂理罗马事。至德初，法兰西复以摄王地并于教皇。大历八年，法兰西王沙立曼助教皇击灭伦巴多，以其子为意大里王，意遂并于法。宋建隆三年，日耳曼伐意大里，并其地。自是，日耳曼王世世常兼王意大里。教皇遂常与日耳曼争权，历数百年不已。

教皇之权兴起

熙宁中，意大里分为三，北部仍归日耳曼，中部为教皇所据，号罗马国，南部为西治里国。西治里，本意大里一岛，后为回教人蚕食，法兰西人讨平之，合南部之亚浦里亚、拿破里二地立为国。崇宁中，北部之伦巴多又自立为民主国，然日耳曼王仍兼意大里王号如故，以政令尚能被于南北两部也。咸淳四年，教皇嫉日耳曼之奄有意大里也，竟割南部之西治里国以与法兰西王，遣其弟沙尔王西治里。日耳曼王起兵争之，不胜，为法军所杀。日耳曼遂不兼王意大里，于是，意大里为欧洲人共争之地。沙尔既胜，益虐用其民，民群起叛之，沙尔走还法。元大德中，亚拉冈（在西班牙东北）人彼得将兵入西治里，王其地，迁都于拿破里，于是又称拿破里王。明弘治十四年，西班牙逐拿破里王，并其地，于是法兰西前后屡争伦巴多之米兰，至是复与西班牙争地。

欧陆共争意大里

国朝康熙五十二年，法、西两国所得意大里之地，尽入于奥地利亚。乾隆十一年，奥人尽逐法、西两国人之在伦巴多者。嘉庆初，法将拿破仑以善战著于欧洲，遂攻略意大里地，立为民主国，拿破仑自主之。十九年，拿破仑败死，法人复失意大里，而意大里复为列国。其在北部者曰撒丁，曰伦巴多，曰威尼斯，曰巴马；其在中部者曰多加纳，曰摩德拿，曰罗马；其在南部者曰拿破里（西治里属焉）。道光二十八年，奥地利亚以兵力取威尼斯、伦巴多，北部诸邦亦多受其制。咸丰九年，北部诸邦咸思叛奥，于是撒丁王维多尔以马努利有英略，为诸邦所仰服，遂西联法兰西兵，与奥军战于低西那河上。奥军大败，撒人复伦巴多，师方长驱东向，进规威尼斯。而法、奥忽议和，撒人失望，乃旋。时意大里中部亦震动，多加纳、摩德拿皆逐其君，罗马亦逐教皇，同应撒丁。拿破里王不能治其民，民多叛之。撒丁将戛利巴底归自阿非利加，过西治里，助叛民逐守者，渡海入拿破里，降其王，而拿破里亦为撒丁有。咸丰十一年，撒丁王称意大里王。同治五年，奥地利亚、普鲁士交兵，意人出兵助普，攻威尼斯。意军不利，而三国讲和，卒以威尼斯归意。当教皇之出奔也，令法人将兵守国。意王即位，遣使告法人撤军，法人期以二年。迨九年，普、法之战作，法军连败，即召回驻罗马兵。法王复为普所擒。意人使告于教皇曰：罗马国事，皆意大里政府措置。教皇惧，乞援于普，不应。意人进据罗马都焉（意初立国实都佛罗棱萨），教皇所辖地悉归意政府，仅予教皇故宫，使守府。

撒丁统一亚平宁

意大里立国

自西罗马亡后，至今一千四百馀年，始复立国，统全土。其疆域北倚亚尔伯大山，山北为瑞士国，西北与法兰西接壤，东北邻奥地利亚，迤南斜伸入地中海。自西北至

12,3,17

东南，长约二千里。北部法、奥两界，东西相距约千里。其南环海之地广处不过四百里，中有亚卑尼奴山，西北与亚尔伯大山联，东南绵亘至于南海滨，与西治里相望。山之最高峰曰科尔那（在赤道北四十二度二十七分，京师偏西一百二度五十五分），高于海面九千五百二十一英尺。水自山脊分东西流，故国南环海，地无长河，惟北部之波河出西隅，与法兰西交界。山中东北流过辟门部都灵（在赤道北四十五度四分，京师偏西一百八度四十八分）之东南，转而东流，北受自亚尔伯大山南流来诸水，行一千三百里，至威尼西（在赤道北四十五度二十六分，京师偏西一百四度六分）之南五十馀里，入亚得亚海。

濒波河地皆平壤，即昔之北部诸邦，实国之上腴。国之境土可以耕种者，约得百分之八十五。然所产五谷，不足供民食，常仰给于俄罗斯、埃及、北亚美利加等处。其南境产橄榄、葡萄，北境产马、羊及铁、铅等矿。其米兰、贝加摩（即《瀛寰志略》之百义城）、科摩、都灵四城产丝尤多（西史言梁、陈之间有意大里人航海至中国，得蚕桑之种以归，故至今得茧丝之利）；米兰、佛罗棱萨两城出磁器；多斯加纳、威尼西两部善织草为笠，西方妇女常冠之（其草即麦苗，织为广半寸之辫，然后编之为笠。有隆起峨峨者，殆如诗所谓台笠。此草辫山东人常织之，西人购者甚夥，每岁为登莱出口货一大宗。闻近日所制多粗恶，辄以精美者裹其外，西人厌之，又将仰给于意大里矣。是在有商务之责者，为加整顿）。 意大里北部之物产沿海通商之埠，其在西岸者为热那亚（在赤道北四十四度二十五分，京师偏西一百七度三十二分）、斯披萨（在赤道北四十四度八分，京师偏西一百六度三十六分）、里窝那（在赤道北四十三度三十三分，京师偏西一百六度六分）、西威大佛克雅（在赤道北四十四度八分，京师偏西一百四度四十一分）、拿破里（在赤道北四十度五十二分，京师偏西一百二度十三分），其在东岸者为威尼西（见前）、安科呐（在赤道北四十三度三十八分，京师偏西一百二度五十四分）、布林的西（在赤道北四十度三十九分，京师偏西九十八二十七分），其在西治里岛者为巴勒摩（在赤道北三十八度八分，京师偏西一百三度六分）、墨西拿（在赤道北三十八度十一分，京师偏西百度五十四分）。而斯披萨、威尼西、安科呐、巴勒摩及拿破里东南五十里之喀斯特马勒，均有炮台船坞，为停泊兵轮之所。

通国为方里者九十六万，民口二千九百七十万，而西治里、撒丁两大岛在内。有二议院，上院议绅为王自举，下院则为民之公举。分国为六十九部，部有长，皆命于王。额兵二十六万五千八百八十九，乡兵一百六十九万三千七百，兵轮一百七十六艘，上等铁甲二十二艘，水雷小艇一百七艘，水师八千。

意着力打造水师

闻意人近年锐意治舟师，不遗馀力，以造巨舰。曾于光绪六年造大船，名意大里。八年，造大船名雷盘陀。均长四百英尺，阔七十四英尺，入水深二十八英尺，压水力

12,3,17

一万三千六百八十顿，实马力一万八千匹，每小时能行十八海里。露台、旋炮台甲厚十九寸，各置十七寸口径后膛炮四尊，六寸口径后膛炮八尊。二船之大，实为欧洲铁甲船冠，故详言之。

国计光绪十年所入约英金钱六千四百五十万磅，所费尚浮于所入二百万磅；国债英金钱四万五千万磅；入口货值约英金钱五千八百万磅，出口货值少于入口货值一千八百八十万磅。铁路约一万九千里，电线约五万五千一百里。

西治里东西长四百六十里，南北广处二百六十里，为方里者九万四千七百二十，民口三百一十万三千二百。有山东西亘，似与亚卑尼奴山相属。岛东有峰曰埃得乃，常出火，甚烈，高于海面一千一百英尺（闻二月初，此山喷火，火焰阔至千尺。所喷灰石，远及四五十里外。且地震，居民、树林多被毁。山凡十一口出火）。岛产硫磺。 埃得乃（埃特纳）活火山

撒丁岛在西治里之西北五百里，北距属法兰西之哥尔塞牙岛仅三十里。岛南北长四百四十里，东西广二百里，为方里者七万九千五百四十三，民口七十一万一千五百一十五。有山东西对峙，南北绵亘，其峰（在东山）高于海面六千三百英尺，两山间为平场，产树木（意大里北部之撒丁国实起自此岛，后遂割意之西北境，故以撒丁名国）。

舟北行过黎巴利群小岛之东。群小岛均属西治里。中有福尔克那岛、斯克琅波里岛，均有火峰，望之浓烟自峰

顶出，直干云霄。福尔克那凡六口出火。

又傍意大里西岸西北行，至拿破里口外，转而东北行，入口泊焉。自昨午至此，行三百一十海里。

拿破里海澳甚得形势。澳口西南向，拿破里市镇在澳之北隅。自市镇迤而西南，山峰叠起，约三十馀里。临海为普罗西达山。又西南渡海五六里，为伊斯查岛。山岛相属，为澳之北岸。自市镇东南循维苏威火山西南麓五十里，至喀斯特马勒，有船厂制造兵轮，实为澳之南隅。自喀斯特马勒有山，西南伸入海中约三十馀里。又渡海约十里，有开普里岛，为澳之南岸。澳口广约四十里。近日复于拿破里市镇南海中砌石为长堤，东西亘约三里许。船在堤北停泊，盖距开普里南岸颇远，故砌石以障南风浪耳。

闻开普里岛为古罗马帝避暑处。当汉建初中，维苏威山喷火，灰石火浆并出，环山麓，黑九恒。赖邦、贝斯、达庇三城，均为灰石埋没。至国朝嘉庆中，土人掘出雉堞俨然，城内宫室人物均存其形貌，西人争取之，以为古玩。

维苏威火山

午后与同人登岸，游故王宫。赭墙阿阁，金碧耀日。虽为亡国所遗，尚无麦秀黍离之慨。又驰马车数里，至水族院，少顷归船。稽其居民四十馀万，状颇类华人，无深目黄发者。市肆陈珊瑚树求售，道旁多乞儿。

意大里，古为声名文物之邦，名儒辈出。自新创以来，文教尚逊，民间知书者少，且多盗贼，其贫民为乞丐者散布欧洲各国。近日，意之政府力求整顿，国中徧设书

12,3,18

院，意欲挽回风俗也。国内气候和暖，惟多火山，常地震，为害甚烈。

晚钟五下启碇，出口向西北行。入夜，风雨作，船荡摇如昨。

十八日乙巳，舟傍意大里西岸向西北行，过低白河口之西。低白河出亚卑尼奴山，西南流行三百三十里入海。罗马城跨低白河上，东南距海约六十馀里（罗马在赤道北四十一度五十四分，京师偏西一百三度五十六分）。

自教皇据罗马以来，日耳曼恒与教皇争权。法兰西常助教皇为虐，法恃其兵力，雄视欧洲，尊奉教皇，纵庇教士。诸教士依倚其势，结党布天下，强与人家国事。少不如意，辄游说他国，肆其鼓簧，以启争端。西土受教士之害者，指不胜屈。同治九年，法王为普鲁士所擒。普相毕斯马克首下令逐教士，普之礼曹复条陈新法以排斥之。各国从而效之，屏除教士者数见。意大里王割其土地，据其城郭。教皇虽有法助，势亦不能振矣。论者谓普之胜法，为欧洲大局之幸。

普逐教士
教皇失势

又西北行过西威大佛克雅之西。又西北行过吉格里俄岛之西，蒙特支里斯多岛之东。两岛均不过方数里，属意大里。

日中，舟人测日躔高弧，并校求时差，知所至为赤道北四十二度二十八分，京师偏西一百六度二分。自拿破里至此，行二百又二海里。测处东距意大里格罗塞托部之阿毕特罗埠百里，西距法兰西之哥尔塞牙岛岸一百二十六里，西南距蒙特支里斯多岛三十二三里。

又西北行过拔罗萨岛之东。又西北过埃尔白岛之西。此间群小岛均属意大里，惟埃尔白为稍大，东西约四十五里，南北约二十里，西高而东低。岛西有峰曰喀班尼，高于海面三千三百四十英尺。法王拿破仑先次流放于此。

又西北行过哥尔塞牙岛之东北，转而西行过哥尔塞牙之科尔索嘴北。哥尔塞牙岛旧属意大里，乾隆元年自立为国，附于法兰西。三十九年，法人以哥尔塞牙归于撒丁。五十八年，法兰西民乱，共和党兴改革，兵与欧洲各国交战。时岛人拿破仑入共和党，为兵谋，令哥尔塞牙兵与法军合，以防英吉利，不果，哥尔塞牙遂降于英。嘉庆元年，拿破仑为大将，始复其地。其后法人定新制，岛为八十七部之一，南北三百三十里，东西一百三十里，为方里者二万八千三百三十四，民口二十七万八千五百。中有山，南北亘，最高峰曰罗当多，高于海面九千六百英尺。科尔索即山之北嘴。望山麓，屋宇鳞次。山上有数华表柱，盖拿破仑故里也。自此岛至北岸热那亚，约二百七八十里。

拿破仑故里哥尔塞牙岛（科西嘉岛）

又西行过摩纳哥之南。摩纳哥在意、法两国交界处，自为国，不属于人。地长广不过数里，无租赋之入。以地居海滨，游人甚多，乃广置园林、亭馆之胜，设博具招游人集博，借以取资，为岁入之款。

摩纳哥设博彩盈利

又西行过尼西之南。尼西为法兰西之亚尔卑斯马利特墨斯部首城，旧本撒丁地。咸丰九年，撒丁王以法师之力

12,3,19

取伦巴多，乃割撒歪、尼西二部与法。法人分置三部，改尼西部为亚尔卑斯马利特墨斯，而首城仍旧名。法人以尼西为避暑胜地，故游者恒麇集。

十九日丙午，舟向西北行过土仑口南。土仑属法之瓦尔部，为停泊兵轮之埠。有造船坞，炮台守口甚为坚固。其炮台分为三等，一为常练之台，日夜防守者也；一为有炮无兵之台，临事方置兵者也；一为有基无炮之台，临事方囊沙为垒设炮者也。其台共计三十馀座，由海口环上山巅，远击敌船，近攻铁路，首尾相接，攻之良难。

又西北行至马塞口外之佛礼优尔，泊焉。自昨午至此，行二百四十六海里。时早钟方八下也。

西人通例：凡船自外埠来，遇外埠有时疫流行者，必令船停泊口外二三日，方许入口。盖恐船人上岸或传染疫疾故耳。余船自拿破里来，适拿破里有疫，故须在口外停泊。

西人防疫通例

佛礼优尔为两岛间泊船之处，北岛名拉多内奥，南岛名波弥归斯。北岛东西长四里，南岛自东北至西南长四五里，两岛广均不过一里，而南岛之东北头约一里许，与北岛中间为平行势，相距仅十分里之六七。法人于平行处之西面砌石为堤，以联两岛。于东面接北岛山嘴，砌长半里之石堤，西南伸入海中，对南岛之东北头为口门，堤之西南端置灯塔。口门广约半里，口内水深泓，能容数十巨舰。北岛东头之东南，有小岛曰查特奥，适当佛里优尔口门之东。查特奥北岛间海峡亦可下碇。自佛里优尔东至马塞南之英都弥嘴约六里，东北至马塞口内约十里。南北两岛均无居民，但有电报局及医院。岛皆白石，无林木，间生小草，结黄花，铺地如散金。有泉水，味甚甘美，老妪守之，投钱方可掬饮。

二十日丁未，停泊佛里优尔。此日作家书，寄上海转达湖南，报航海平安也。

二十一日戊申，启碇向东北行。至马塞口外，转而东南行入口。又东行，泊焉。时早钟方八下也。

马塞为法之不世德罗内部首城（即《瀛寰志略》之马耳塞里亚），地势为向西海澳。口门西北向，广约三分里之一。其东岸嘴有炮台曰森占，所以守口也。入口转而东向处，南岸山麓有大炮台曰森尼科来斯，甚坚固，且踞地颇高，炮力可以及远，所守不仅口内也。澳内东西长约二里，广约三分里之二。口门迤北距岸约里许，砌石为堤，南北亘约六七里。堤以东皆船坞，澳之南则倚山麓。

马塞港(Marseille)

旋与同人携装登岸，至阿得尔得全勒福客店，寓焉。自上海至马塞，计海程八千八百一十一海里，合中度二万九千三百七十里。

饭后，驰马车南行，转而西行，循海濒绕英都弥嘴至博物院。自英都弥嘴望昨日寄泊之佛礼优尔，宛在水中也。院中所陈多断碣残碑，不能辨识。有埃及古石椁二具，椁之盖肖人头面胸腹状，胸腹间泐文字颇多，非篆非籀，亦非西文，像虫鱼鸟兽之形，类乎吾华之古钟鼎款识，盖埃及古文也。若能拓出，亦可供好古者之赏鉴。

游博物院

12,3,21

旋往游生物园。园在马塞澳南之山巅，高于海面三百八十六英尺，延袤数里，所畜虎、豹、狮、象、犀兕、熊罴、麋鹿、狐、狼皆备。有兽马首鹿身牛尾，长颈，前足高于后足三分之一，有二短角，西人名为吉拉夫，《瀛寰志略》谓之长颈鹿，阿非利加洲及亚细亚西域皆有之。足高颈长，仅能食树上之叶，饮水必八其前足。性驯然，不畏猛兽。昂首则眼光四射，能见四方，猛兽来辄踶以拒之。按：《汉书》：“乌弋山离有桃拔、狮子。”孟康曰：“桃拔，一名符拔，似鹿，长尾，一角者或为天鹿，两角者或为辟邪。”《后汉书》：“章和元年，遣使献狮子、符拔。符拔，形似麟而无角。”《明史》：“永乐十九年，中国周姓者往阿丹国，市得麒麟、狮子以归。麒麟前足高九尺，后六尺，颈长丈六尺，有二短角，牛尾鹿身。”又：“弘治三年，撒马儿罕贡狮子及哈剌虎。”合诸书观之，则两《汉书》之符拔，《明史》所谓麒麟、哈剌虎，即今之吉拉夫。孟康言长尾，当作长颈。范书言无角，盖角甚短，藏于毛里，初视之似无角。《明史》言麒麟之状，与吉拉夫尤合。哈剌虎，盖即吉拉夫之转音（吉之一等音为格，译西文者格、哈往往不分）。但《明史》直指为麒麟，按之《尔雅》、《说文》、《诗疏》所言，麟实一角，此二角，又不戴肉，谓之为麟，不亦诬乎（按孟康所谓一角为天鹿者，当是麟。二角为辟邪者，当是吉拉夫）？

吉拉夫即长颈鹿

又登山顶，马塞市镇一览在望，人烟稠密。考其民口三十七万六千一百四十三，驻有部长及兵官。察其地土皆

马塞市镇

白沙，不似肥饶者。然沿海多丛林，浓荫数十里，盖西人讲求植物学，尽其人力树艺，亦能茂密耳。薄暮始归寓。

马塞在赤道北四十八度十七分，京师偏西一百一十一度五分。本法兰西南海巨埠，无论法船往来必停泊其间，即英吉利与各国东行之船亦当迂道泊此，以载欧洲中原之人货。惟德意志与法为仇，其船不泊马塞，则泊于意大里之热那亚。

二十二日己酉，饭后与同人往游画院。院为圆台，周以高墙，上覆琉璃。圆盖与墙接，台去墙约数武，台墙间斜堆土石。周墙贴画无馀罅，画尾与所堆土石连，暄染令混为一色，上盖逼光映墙壁。登台望之，数十里山谷即在目前，而画与土石之界骤难辨别。所画为同治九年普、法交兵，法军败奔之状。炮火轰烈，死伤遍野，洞车折轴，马惊踬跑，无不肖真。盖法人不忘德仇，痛定思痛，作此令国人观之，当思雪耻，亦勾践不忘夫差之意耳。

画院观壁画

归寓即束装。晚钟六下，携装上火车。向西北行约数里，过马的圭斯湖之东北。湖口西南向，与海通。湖口有灯塔，湖内能行火轮。湖口之西为罗尼河入海之口。

又西北行过山洞，至亚勒斯（属不世德罗内部），始傍罗尼河东岸向东北行，至亚威农（部首城），入窝哥律师部。时已入夜，转而西北行，入多罗美部，过瓦棱萨（部首城）之东。

又北行入义塞勒部，过菲尼（部属城）。又北行入罗内部，至里昂（部首城），渡罗尼河西岸。

12,3,22

里昂（Lyon）

按：法兰西之繁盛城镇，巴黎为第一，而里昂次之。盖里昂为苏安河、罗尼河会流处，河流至此始大，能通浅水轮船，南达地中海，与欧东各埠近，故贸易为特盛，民口过四十万。

罗尼河出瑞士大山中阜加峡下，西南流经瑞士之瓦来斯部，至马的格尼之北，转而西北流经瑞士之瓦乌的部，汇为给尼发湖。转而西南流（湖东西长约一百二十三里，广约三十里，高于海面一千二百三十尺。湖中尝有小火轮往来，以为游舫）出湖经给尼发城中，又西南流出给尼发部入法兰西境，经上撒歪部、西厄英部东。又南流经撒歪部西，转而西流经厄英部南、义塞勒部北。又西流入罗内部，至里昂城下，有苏安河东北出法之高索内部，西南流转而南流来注。二水既会，南流入地中海。罗尼河共行一千四百二十里。

法之大水凡四，曰罗尼，曰塞纳，曰罗亚尔，曰日伦大。惟罗尼南流入地中海，馀均西流入大西洋及英伦海峡。

法国四大河流

过里昂，始与罗尼河离，即傍苏安河西岸北行。入索内罗亚尔部，过马康（部首城）西。

又北行，与苏安河离。西北行入哥德多尔部东北，行至的仍（部首城）转而西北行入约内部，傍约内河南岸西北行。入塞纳马尔内部，过约内河入塞纳河之口。

又西北行，逾塞纳河至美伦（部首城）。又西北行至巴黎之东南车栈，停轮下火车。时已天明，早钟九下矣，携装至克郎阿得尔客店寓焉。自马塞至此，计行一千七百七十里（中里）。

二十三日庚戌，寓巴黎。

二十四日辛亥，寓巴黎。按：法兰西，上古为荒野。

法兰西立国史

唐虞时，西域葱岭之西，咸海之东，有印度别族迁居其地，曰高卢。周东迁后，高卢渐强。安王十二年，始侵罗马。汉甘露、河平之间，罗马大将塞萨尔征服高卢为属地。宋元嘉中，罗马分东、西，属西罗马。旋有日耳曼北方土部曰法兰哥者，渐侵略高卢地，驱逐罗马戍兵。齐永明四年，法兰哥部长哥易路尽取罗马所辖高卢地，立为国，号墨罗彬朝。梁天监八年，始建都于巴黎，国号法兰西。是时，法兰西疆域东至莱尼、多瑙二河（莱尼河出瑞士大山哥地得峰东麓，东北流经瑞士之给里孙部，转而北流经瑞士、奥斯马加之间，转而西北流经瑞士、德意志之间，南受瑞士山中北流诸水，至巴勒城下转而北流入德意志境。又转而西北流至英美利支之西，入荷兰境，分流为二支，北支曰莱尼，南支曰瓦尔同。西流至南荷兰部，入欧罗巴北海，行二千二百里。多瑙河见前），西距比里牛斯大山（今西班牙之北，法兰西之南，有山东尽地中海，西至大西洋之比斯开海湾，绵亘八百馀里者，是也。其山四时见雪，略低于亚尔伯山），北枕英兰海（法兰西、英吉利两国间海峡名），南临地中海。盖哥易路英武有大略，实为欧洲开辟雄才。传国二百七十二载。

至唐天宝十一年，墨罗彬亡，有法兰西国者为加鲁令

12,3,24

朝。唐永泰、元和之间，加鲁令朝有英辟曰沙立曼，东征西伐，拓宇较哥易路尤广。疆域北至阿得河（出奥斯马加所属细勒西亚部之特拉波城西北山中，东南流至特拉波之东，转而西北流入德意志所属细勒西亚部境，过鄂佩尔城西。又西北流过法琅佛德之东，又北流至斯德丁之北，入波罗的海，行一千三百里）；南距低伯河（见前），地中海东，及易北、腊伯二河（易北河出奥斯马加所属波希米国东北利森山中，南流至巴都毕斯，转而西北流出波希米境，入德意志所属之萨克索尼亚国境，过德勒斯达城中。又西北流至昂尔不尔之西北，入欧洲北海，行二千里。腊伯河出奥斯马加所属士的里亚国之布鲁克城东山中，东南流入匈牙利境，转而东北流至腊伯城东北，入多瑙河，行四百馀里。按：腊伯城，即《瀛寰志略》之剌固城）；西尽厄波罗河（出西班牙所属不尔厄斯部西北比里牛斯山中，东南流过罗哥罗虐城北。又东南流过萨拉尼撒城北，又东南流至达拉瓦纳部，入地中海，行一千一百里），大西洋。恤人民，兴制度，善政甲西方古今。传二百三十五年。至宋雍熙四年，加鲁令亡。有法兰西国者为加北珍朝。加鲁令季世，诸侯各拥土地抗王命，非复旧时版章矣。 法兰西疆域

加北珍朝始兴十字军时，耶稣所生地名耶路撒冷者，为土耳其人所据，西方耶稣教人欲征复之。于是欧洲各国君臣从军者数百万，而法人为最众，名曰十字军。自绍兴至咸淳，凡起军七次，历年一百七十二，而十字军未尝得 十字军东征

志。欧洲人死亡者二十万，东方耶稣教徒威势遂微矣。传三百四十一年。至元致和元年，加北珍亡，有法兰西国者为瓦罗斯朝。加北珍之中叶，法兰西西北各部常为英吉利所据。至瓦罗斯之末，法之土地始不为英有。传二百六十一年。至明万历十七年，瓦罗斯亡，有法兰西国者为不尔奔朝。当沙立曼之世，尝选议员一千馀人，春秋征集议政事。及十字军初起，复会朝臣、教徒议方略，谓之巴力门，即今议院之权舆也。

前明鼎革之际，法兰西王路易第十四智勇过人，收文武奇异之士置上位，渐收大权归政府，抑制巴力门。及子路易第十五之世，贵族殆八万户，各肆威权，不与齐民通婚嫁，惟贵族能登大官，教徒次之，庶民积怨日甚。适华盛顿立民立国于米利坚，法人思慕之。于是国中旧有大民会，废置百馀年矣，乾隆五十四年，民变将作，遂举行大民会。贵族与齐民争议不决，齐民改大民会为国法议会，欲改国抑王权，令贵族、教士与齐民等。而教士、贵族之思急进者亦党之，诡辨激说以抗政府。王路易第十六虑生变，逮议员过激者数人下狱，以兵自卫。于是齐民会者数百万，入武库取兵器，号改革，兵幽王于巴黎宫中，寻弑之。置筹国会治政事，而君权始替。

法国大革命

改革兵多无赖，乘机为乱，各树党相残害，杀戮无度，欧洲诸国多论其悖逆无道。筹国会又传檄诸国云：诸国之民，有废其君立自主政者，即助之。诸国恐其祸延四方，于是英、俄、奥、普、西、葡、意及日耳曼联邦皆约

12,3,24

从起兵平法乱，号联合军。改革兵勇于战，联合军事权不一，未能平其乱。

改革兵炮卒拿破仑用兵如神，屡立大功，遂掌兵为大将。嘉庆四年，立三首领治事。一首领最贵，二人辅之。拿破仑为大首领。九年，国人尊拿破仑为法兰西皇帝，世其位。拿破仑以民党起，当举国思自主之际，卒能登帝位，复君权，盖其威勇能服人也。于是，拿破仑东降日耳曼帝（奥斯马加为日耳曼帝）、普鲁士王，南收意大里、埃及、葡萄牙，惟西班牙得英人之助，尚拒命不下。当时欧洲各国，英、俄之外，无敢抗法者。故拿破仑疆域几与沙立曼等。十八年，拿破仑大举侵俄罗斯，奥、普佐之。天寒粮绝，战不利，士卒死亡殆尽。明年，奥、普叛法，与俄罗斯、瑞典合军攻法，入巴黎，放拿破仑于埃尔白岛。各国大会于奥都维也纳，议复拿破仑所侵各国地。明年，拿破仑自岛起兵，号召旧旅。未一月，入巴黎，即尊位。各国之师皆在会，闻之大惊。于是英吉利、俄罗斯、奥斯马加、普鲁士、荷兰、比利时、哈威尔巴威略联兵号百万，分道攻法。拿破仑亲率大军，与英军遇于比利时之瓦得路，鏖战三昼夜，适普军自东来突法军，法军大败。拿破仑走诣英兵舰请降，英人流之于三达厄勒那岛（在阿非利加西大西洋中），遣将监禁之。道光初病死。

拿破仑起事

拿破仑既败，法人立路易第十八为王，前王路易第十六之弟也。然君民争权无宁日。道光二十八年，国人废君位，公选统领治事。以路易·拿破仑中选，号拿破仑第三，实前王拿破仑之从子也。咸丰二年，拿破仑第三复为世袭皇帝。同治九年，西班牙无王，国人议迎立普鲁士王族，拿破仑第三阻之，普、法遂交衅，于是有师丹之战（师丹在亚尔德内斯部美西也尔东南三十五里）。普人禽拿破仑第三，入巴黎。是役也，法人为虏者七十万，战没者十五万，全国三分之一为普所蹂躏，亡财货不可胜计。既而议和，法割西北莱尼、河西二部归普，复偿普兵费五千兆佛郎（约计之，三佛郎又半合中钱一千）。

普法战争

法人乃定制为民主国，分国为八十七部。公举首领治事，七年一易。国之政事经二议院议定，首领惟画诺，交政府施行。其所以异于常人者，以其能受各国书问，接各国使者及阅营兵、察刑政而已。岁俸不及妻子，退任则与齐民等。议院分上下，上院议绅三百人，其七十五人专议国律，终身不易。其二百二十五人举由国之缙绅，九年一易。下院议绅五百三十四人，举由齐民，四年一易。凡民十万举一人，过十万即不满十万亦举一人。应举者必年过二十，居籍无犯法者。在官者不举。凡国之政事，政府条其说，交下院议可，复交上院，上院亦曰可，然后行。

自改革以来，其国之党凡三：一曰君党，志复君权者也；一曰民党，志保民主者也；一曰中党，则中立二党之间，而无成见者也。两院之中，三党俱备，遇事不无龃龉，则以可否之多少定之。可多则行，否多则止，故又必视其党之多少何如。国律（拿破仑所定凡二千三百馀条，颇称公允，欧洲各国多用之）：议员所议，政府不以为然

法国民主政体

12,3,24

者，例得遣散议员，令民再举。然议员之卓异者，必为民望，虽遣散而民复举之，政府卒莫如何，甚至有相率罢去者。故政府即数十易，而议员未尝一动。但政府诸臣，惟兵部、海部官由专门出身，他部官多自议员迁擢。若果同党，则政府与议院尚不至相抗。首领有罪，下院陈其状，上院得执而审之。今任首领者名葛蒌菲，庸碌不喜事，民咸安之，故去岁满任，两院复议留。

其疆域南之东距地中海；南之西倚比里牛斯山，山南为西班牙；西尽大西洋，北之西临英伦海，海北为英吉利；北之东界比利时，及荷兰所属之卢森不尔厄；东则与德意志、瑞士、意大里为邻。其邻意大里者为亚尔伯山；邻瑞士者为白山，为周拉山；邻德意志者，昔守莱尼河，今则退而守阜斯吉士山及摩塞勒河。东西南三面皆环以山海，惟东北界为平壤。地势东南多山而高，西北近水而低，南北一千七百里，东西一千五百，为方里者一百七十一万二千四百六十八，民口三千七百八十八万五千九百。

东南产橄榄、葡萄、粟米，西北产二麦、萝卜。橄榄造油，葡萄造酒，萝卜造糖，而以葡萄为最多，故税酒甚夥。农务、畜牧稍逊，粟麦、牛羊均须仰给于米利坚。所产煤、铁均不供国用，惟铁质甚佳。周拉山、阜斯吉士山林木茂密，西北各部亦多新种之树，故材木尚足。他如里昂之丝，卢昂之布，南疆之磁器，北境之琉璃，及所造船炮、机器皆称精好。闻科鲁苏钢甲厂所炼比斯迈炉钢，质纯而坚，性匀而脆，各国船厂咸珍爱之，谓不亚于克虏伯 法兰西物产之罐钢。

法兰西通商海港

其通商海埠，临地中海者为马塞（见前），临大西洋者为波耳多（为日伦大河入海口，在赤道北四十四度五十分，京师偏西一百一十七度）、难得斯（为罗亚尔河入海口，在赤道北四十七度十三分，京师偏西一百一十七度五十九分），临英伦海者为哈佛尔（为塞纳河入海口，在赤道北四十九度二十九分，京师偏西一百一十六度十九分）。其设厂造船、停泊兵轮之埠则土仑，在地中海（在赤道北四十三度七分，京师偏西一百一十度三十分），所以扼东南之要。罗拾缚（在赤道北四十五度五十七分，京师偏西一百一十七度二十三分）、尔俄尔英特（在赤道北四十七度四十七分，京师偏西一百一十九度四十七分）、比腊斯的（在赤道北四十八度二十三分，京师偏西一百二十度五十五分）、设贝格（在赤道北四十九度三十八分，京师偏西一百一十八度三分），临大西洋与英伦海，所以守西北之险。其山边重镇，近意大里者为贝尔昂桑（在赤道北四十四度五十七分，京师偏西一百九度五十二分），近德意志者为比尔佛德（在赤道北四十七度三十九分，京师偏西一百九度三十三分），皆屯藏军械，守御严密。

国制，民尽为兵。分四等，朝夕入伍操练。炮仗随身者谓之营兵，岁仅入营操练一阅月者谓之馀兵，居家随时习武事者谓之团兵，居家仅备有事时调遣者谓之备兵。团兵、备兵职在守御，非警不临阵。男子二十一岁即隶军

12,3,24

籍，惟废疾及寡妇独子乃免。凡民充营兵五年，始退为馀兵，充馀兵四年，始退为团兵，充团兵五年，始退为备兵，充备兵六年，始脱军籍。计民隶军籍者，凡二十年。教士或至废学，于是免教士。闻近日有议减营兵之限为三年，而增馀兵、团兵之限，即教士亦不免者，未知其议果行否耳。计今入伍操练之兵，共五十万二千七百八十六人。若四等齐集，共二百四十二万三千一百二十四人。养兵岁费约英金钱二千六百万磅。兵船四百五十一艘（大铁甲二十艘，马力四千匹至八千匹。中铁甲十二艘，马力一千匹至四千匹。护卫炮船二十七艘，快船五十七艘，大小雷艇及报信、运兵之船共二百三十五艘），水师七万人。养船岁费约英金钱七百万磅。

法国
军事制度

光绪十年，所入约英金钱一万五千一百一十万六千磅，所费差等国债英金钱八万五千八百万磅。入口货债约英金钱一万六千九百三十七万四千五百二十磅，出口货值减于入口货值三千七百三十六万五千三百二十磅。铁路约五万五千一百里，电线约四十六万四千里。自师丹败后，偿兵费，补伤残，国债因之累增。近日又用兵于阿非利加之马达加斯加尔岛，及越南之东西两京，国用愈多。议院议节经费，政府每以不足争之。议院不允，政府去位者数矣。

举国奉天主教，有大书院十六，总国之学校十六。院长岁一巡行通国，考察学校之勤惰。男女及年均入学习艺业，不成者使粗通文字，年逾十二始出学，听其自由。及

欧洲艺学以德为最

年不入学者，则罚其父母，故艺学渐进。综欧洲艺学，以德意志为最，法兰西次之，英吉利又次之。然法之风俗尚诈力，善妒人之技能。负气少有睚眦，辄舞剑以斗，死伤不论。遇与他国有隙，不计成败强弱，但以一战为快。师丹之败，未尝稍忌，每岁增兵置械，不遗馀力。而德之筹防周密，法亦无隙可乘也。

法都巴黎

巴黎为国都，在赤道北四十八度五十分，京师偏西一百一十四度六分。自哥易路建都，至宋嘉定十五年，加鲁令朝腓立第二始修城，城厚七步，周六十里。建楼五百，通门十三。塞纳河自城东南隅入城，绕行城内二十里，自西南隅出城，帆樯往来不绝。近日法人惩同治九年之败，知敌临城下必不能守，且多阻碍，不便驰骤，于是尽毁旧城，至今但存遗址。盖西人立国，贵守险，不贵守城，凡各国都邑有城者甚少。计巴黎民口二百四十三万四千五百五十。高瓴亘云，广术击毂，为西方大都会。

按：塞纳河出哥德多尔部的仍之西北山中，西北流过德罗业之东。又西北流，转而西流，受自西南流来之约内水。又西北流过美伦之西，又西北流入巴黎城。出城西北流，受自东北流来之疴瓦斯水。又西北流过卢昂之南，又西流至哈佛尔南入英伦海，行一千二百五十里。

离法赴英

二十五日壬子，早钟九下发巴黎。由北车栈登火轮车向北行，逾疴瓦斯河，入疴瓦斯部，过波威城（部首城）。

又北行入索美部，过亚眠城（部首城），转而西北行

12,3,25

过亚贝威勒。

又北行入巴的加雷部，循海北行，过补罗义，转而东北行，至加来停车。补罗义、加来，均法兰西西北临英伦海市埠，贸易繁盛。当元、明之交，加来为英吉利所据，凡百馀年。自巴黎至加来，计行四百七十里。舍车登火轮船，渡英伦海。

按：英伦海，北通欧洲北海，西南通大西洋。自加来以北西临英伦海者，为比利时，为荷兰；加来之西南北临英伦海者，即法兰西。比与荷距英之海较广，惟法为近。自法渡英之道凡六，一自设贝格（见前），东北渡英之苏当波敦（在赤道北五十度五十四分，京师偏西一百一十七度五十分），计海程一百海里（合中里三百三十三里）；一自哈佛尔（见前），西北渡苏当波敦，计海程一百二十海里（合中里四百里）；一自低培（在赤道北四十九度五十六分，京师偏西一百一十五度二十一分），西北渡英之纽海汶（在赤道北五十度四十七分，京师偏西一百一十六度二十二分），计海程七十五海里（合中里二百五十里）；一自加来（在赤道北五十度五十七分，京师偏西一百一十四度三十五分），西北渡英之多汶（在赤道北五十一度七分，京师偏西一百一十五度七分），计海程二十一海里（合中里七十里。加来亦可渡英之福克斯墩，较多汶为略远），以此道为最近，盖海之最狭处也，故加来、多汶为两国之最要地。西方地学家恒测周英吉利三岛之海，距岛岸五十海里内水深不过二百英尺，以外深辄过

渡英吉利海峡

之，可知古时三岛疆域四周广于今日五十海里；而英、法间海狭处仅距二十一海里，又可知古时三岛本与大地连，后为海水所啮，湮没其四周低地，遂成孤悬之岛耳。今英吉利东岸与比利时、荷兰间海，但使水落二百英尺，即可陆行相达。沧海桑田，古今一辙，安知今日之洪涛，不变为他年之腴壤哉？

三岛古与大陆相连

渡海约历一小时又三十分，抵根德部所属之多汶。舍舟登火轮车，向西北行过坎特布里。

又西北行过法汶冉木，又西行过茶坦姆，又西行出根德部，入塞勒部境，转而北行入伦敦，逾达迷斯河至使馆，住焉。自多汶至伦敦，计行二百四十里。自巴黎至伦敦，共八百八十里。

至伦敦使馆

按：英吉利，旧曰比利敦。本高卢别种，号塞尔达。汉五凤中，罗马经略西北，遂渡海取其地，旋弃之去。东汉建武十九年，罗马复以舟师伐取之。越六年，筑伦敦城于达迷斯河上，遣官治其地。比利敦遂属罗马，凡历三百三十七年。罗马既衰，比利敦始自立为国，时东晋大元五年也。历六十九年，至宋元嘉二十六年，萨索尼人逐比利敦人。

萨索尼本北海南岸（今荷兰地）夷族，其部凡三，曰萨索尼，曰入的，曰英吉利（后名国为英吉利实因此）。既逐比利敦，遂分据其地，为七国，号萨索尼朝。曰根的，入的人主之；曰萨塞、曰味塞、曰厄塞，萨索尼人主之；曰东英吉利、曰墨西亚、曰诺东伯兰，英吉利人

英伦建国史

12,3,25

主之。七国相侵伐扰，扰者二百馀年。至唐宝历、大和中，味塞兼并六国地，名其国曰英伦（犹言英吉利地也）。

咸通八年，大尼人举兵取英伦之诺东伯兰地，建国与英伦角立。大尼，即今之嗹马国也。宋大中祥符六年，大尼人入伦敦，逐英伦王，据其地，号大尼朝。明年，大尼王死，国人不忘旧君，复迎英伦王于法之诺尔曼的部，立之。天禧元年，大尼王子复入为英伦王，兼王斯的干那味（嗹马、瑞典、挪瓦三国总名），于是萨索尼亡。庆历二年，萨索尼王子复自诺尔曼的部入英伦，逐大尼人，复其位，于是萨索尼再兴。

治平三年，萨索尼不能治其国，法兰西之诺尔曼的侯维廉灭萨索尼，为英伦诺曼朝。萨索尼与大尼有英伦地，凡六百一十七年。诺曼传一百一十二年。至绍兴二十四年，王士提反，卒无嗣，国人立其外戚显理第二，改国号曰北蓝大日奈，传三百三十一年。至明成化二十一年，英伦西偏之威尔士人曰力支门伯者，自法兰西举兵，灭北蓝大日奈，为英伦王，国号都铎尔。诺曼、北蓝大日奈两朝，均由法兰西藩侯入王英伦，故两朝均逾海兼法兰西地。四百年间，英、法争战几无休日。至都铎尔兴，英人始不图法，而战事亦稍息矣。传一百一十八年，至万历三十年，女王以利沙伯卒，无嗣，国人迎苏格兰王惹迷斯为王，国号斯丢亚尔的。苏格兰者，英伦岛之北地也。旧有苏各的种人，自阿尔兰迁居其地。唐大和七年，自立为苏

诺曼底王朝

格兰国，恒与英伦并雄。至是入王英伦，英、苏遂合为一。崇祯四年，王查尔斯第一废国人议政之权，而君民之争始亟，卒之君不胜民。国朝顺治六年，国人数王罪而弑之，立民会理国政。十七年，始迎王子查尔斯第二复位。国无王凡十一年。

苏格兰并入英伦

康熙四十一年，女王安始合英、苏两国，并阿尔兰岛，名曰大比利敦国。阿尔兰者，英伦岛西海中之岛国也。宋乾道二年，北蓝大日奈朝取之，阿尔兰逐为英伦属岛。五十二年，女王安卒，无嗣，国人迎立日耳曼之哈诺威王伯仑瑞克为大比利敦王，仍兼王哈诺威如故。斯丢亚尔的凡传一百一十年而亡。道光十七年，女王维多利亚嗣立，是为今主。日耳曼旧制例不立女为主，哈诺威本日耳曼列邦之一，至是始别立哈王，英王不复兼哈王号，光绪三年，国人以所属印度并入大比利敦为一国，于是上尊号曰大比利敦女王，兼印度帝后。

英伦三岛

所谓英吉利三岛者，地本二岛。英伦、苏格兰合在一岛，旧本两国，故分之为二。英伦四十部、威尔士十二部（威尔士即英伦西偏地，旧自立国，故西图恒别出之）合为五十部，苏格兰三十三部，阿尔兰三十二部，通国都为一百一十七部。部有长，皆举于民。其君位世袭，政事君民共主。

盖西方列国凡三端，一为君权专重之国，如俄罗斯、土耳其，不设议院，政由君出者是也；一为民权专重之国，如米利坚、法兰西、瑞士及南北亚美利加各小国，无

12,3,25

君位，仅设首领，以听命于议院者是也；一为君民共主之国，如英吉利、德意志及欧洲各邦，有君位，有议院，遇事民议之而君断之者是也。

英之议院凡二，上院为爵绅议政之所，入院之爵凡六等，如吾华之有王、公、侯、伯、子、男。袭爵未及岁者与爵绅之妻为命妇者均得入院听议，但不发议辩论耳。又有耶稣教督二人，副教督二十四人，例入上院。爵绅均例入，非选授，无定额。今院绅计五百四十人。下院为民绅议政之所，绅由民择才德过人者举充，选法亦取额于民数多寡。今院绅计六百七十人（英伦举四百六十五人，威尔士举三十人，苏格兰举七十二人，阿尔兰举一百三人）。其民旧分二党，曰保党，意在保自己利权，近于为我；曰公党，意在与人同利，近于兼爱。 英国议院制度

近以阿尔兰之华实上腴多为英伦豪右所有，岁租尽入英伦。阿民均服田为佃户，终岁勤苦，不蒙其利，故往往思乱。于是有为阿岛自置议院之说，上之议院者公党魁格剌丁欲允其请，保党固持不可，公党之徒亦多不以其魁为然，而又不愿自附于保党，乃别立一党，曰合党（言英、阿当合，不可分为二也）。故今下院凡三党。

下院之权过于上院，以上院皆蒙世业，下院出于乡选故耳。凡法制禁令、财赋出入、用人行政，王与两院主之，执政依行而已。两院所议上之于王，王弗从，亦不能行。王所欲行或不利于民，两院即不纳税，所谓君民共主者是也。

英国税收制度

其征税以口计，每口岁入满英金二百磅者始征。所征无定额，每岁终，各官之长（如兵部、海部之类）综列来岁所出，达于户部，户部总其数，转送两院，两院核所出无滥，始量所出多少定税。则今岁所征为三十分取一（光绪十三年为三十五分取一，十四年为四十分取一，以年来无事故所征渐轻）。故其国之君臣，惟日夜谋所以富民，民苟富矣。国用不虞其乏，而户部实岁无馀财，君亦食岁俸。俸有馀，或置产，则为其君之私藏。国有军事，必预征饷于民，民应征则行，否则君有用兵之权，无筹饷之实，战事非君所能擅。

司法制度

律法皆两院所定，刑官惟据之论断。刑官之属，各分曹理事，以听命于其长。其曹颇多，如户口、婚姻、土田、商务之类，各掌其曹，各习其律，不相为谋也。听讼之法，两造各有明律者一人，名曰讼师，刑官一人中坐，佐二人左右坐，绅耆十二人左右旁坐。绅耆不必知律，由刑官礼聘，但先列十二人之名质之，两造均可，然后聘也。先由两造之讼师互诘两造，刑官从而断之。佐与绅耆皆曰平允，即论定。绅耆所见或异，则从多者。刑官之属不能平直，则诉之上议院，以论定之。盖泰西通例：刑官非国王所得而臣，以国王有罪，刑官得而论之。而英吉利刑官苟博通诸律，为长者，其王则赐爵以臣之。故刑官之长必为爵绅，而上控者必至上院也。

民间男女生死、婚嫁，官皆书之于册。流寓出入国境，官皆稽之。故户口能详。

12,3,25

有大书院三，每院之长凡数百人，以学有专门，所学不一，非多置院长不能教授。取士非一途，无定额，无定时。凡民之学成，即言所学于大书院，院长据所学面试之，果成，则给执照。初试皆天文、舆地、身体、文字、推算、格物之大略，再试，然后为专门精进之学。

风俗坚忍耐劳，守法度，以逾荡为耻。静镇无嚣杂之气，五都之市，袂云汗雨，未尝闻人声。男女并重，故妇女均出应宾友，亦未闻因此致淫乱。盖其法禁淫乱，不禁应宾友也。男女年未二十，读书学艺皆父母任之。逾二十，则父子异居，各营生计。男之娶，女之嫁，皆自主之，父母不问也。父母丰于财者，或给子女与否，惟父母所欲。惟所受祖父遗产，必遗长子，与传爵同。故终身无子女之累，亦无侍奉之乐，其天性所由薄也。 民情风俗

疆域四面环海，海之南为法兰西，海之东为比利时、为荷兰、为嗹马，皆裨海也。西与北皆大海绕之，即大西洋也。英、苏与阿尔兰间海峡，东西广处三百七十七里，南口广一百五十里，北口仅四十三里，为最狭处，南北长约七百里。英、苏一岛大势如三角形，自极西南角（在赤道北五十度四分，京师偏西一百二十二度九分）至极北角（在赤道北五十八度四十分，京师偏西一百一十九度四十六分）为西边，长一千七百四十里；自极东南角（赤道北五十一度九分，京师偏西一百一十五度三分）至极北角为东边，长一千五百七十里；自极西南角至极东南角为南边，长六百四十里；为方里者七十四万三千八百一 英国疆域

十五（附群小岛）。阿尔兰岛自极南偏西角（在赤道北五十一度二十七分，京师偏西一百二十六度十六分）至极北角（在赤道北五十五度二十三分，京师偏西一百二十三度五十一分），长八百七十里；自极西偏北角（在赤道北五十四度十八分，京师偏西一百二十六度二十六分）至东南角（在赤道北五十二度十分，京师偏西一百二十二度四十三分），长五百八十里；为方里者二十七万二千九百五十六。三岛民口共三千五百二十四万一千四百八十二。

地貌物产

英、苏地势，西北多山，东南为平壤。山地多为牧场，产牛羊；东南则为耕地，产大小二麦及玉蜀黍、薯蓣。其最高峰曰班内菲斯，在苏格兰音威尔内斯部之格兰便山，高于海面四千四百五英尺。

阿尔兰地平少山，宜农田、畜牧。但地多洼，下水积而不泄，辄成泥淖，误入者或深陷灭顶，所在皆有，其广大者面积方里至三千之多。议者欲用机器泄泥淖之水，使变为腴田，则农事亦茂，然尚未举行。所产于二麦外，以薯蓣为最佳，其多甲于欧洲，土人借以充粮。

煤铁矿产丰富

要之，三岛所产牛羊、五谷，均不足供国人之食，岁必取给于亚美利加。其赖以富国者，实惟煤、铁二矿。英伦西北各部煤地甚广，约计之，为方里者二万四千二百。产煤之地，铁即生焉。岁出之数，赢绌不一，裒多益寡，为之折中，每岁约出煤一百三十五百万顿（每顿约一千八百六十斤），出铁六百五十万顿。西人常合大地所产

12,3,25

煤、铁计之，藏富于地未经开采者不计，而英伦每岁所出实居大地所出之半。苏格兰煤、铁在法德河与克来德河之间，及西南滨海一带，所出尚多，但不及英伦远甚。阿尔兰所务在农，其矿利则微矣。英伦东南地哥尔奴瓦里斯部又产白铁，一名马口铁，英人呼为铤。其质不如他铁之坚，然柔韧，中作寻常日用之器。欧洲各处亦产之，但不如哥部之多。惟哥部不产煤，需运矿就他处熔铸。

英之贸易较各国尤盛，盖地小而瘠，生计全恃通商。数百年来，国人尽其财力以谋之，卒能出于诸邦之上也。

其制造极多之处，伦敦而外，在英伦者，曰丽佛普尔（在赤道北五十三度二十五分，京师偏西一百一十九度二十五分）、曼彻斯特（赤道北五十三度二十九分，京师偏西一百一十八度四十分）、布里斯拖（赤道北五十一度二十八分，京师偏西一百一十九度一分）、北门翰（赤道北五十二度二十九分，京师偏西一百一十八度二十分）、设福尔德（赤道北五十三度二十三分，京师偏西一百一十七度五十四分）、里子（赤道北五十三度四十八分，京师偏西一百一十七度五十八分）、纽喀斯（赤道北五十四度五十九分，京师偏西一百一十八度三分）；在苏格兰者，曰埃丁贝（赤道北五十五度五十八分，京师偏西一百一十九度三十七分）、格剌斯哥（赤道北五十五度五十三分，京师偏西一百二十度四十二分）；在阿尔兰者，曰都伯林（赤道北五十三度二十一分，京师偏西一百二十二度四十二分）、贝尔法斯德（赤道北五十四度三十七分，

制造业分布甚广

京师偏西一百二十二度二十二分）。制造之物，棉花所制者，布线之类是也；羊毛所制者，毡呢之类是也；钢铁所制者，机器、船炮之类是也。惟本国不产棉花、羊毛，故每岁进口货于食物之外，以二者为大宗。幸印度产棉花，澳大利亚、新西兰、南阿非利加等处产羊毛，皆英之属地。凡由彼间运货来英者，均为英商。虽为进口，货利实英人有之。

防守险要之地

孤悬岛国，海口险要，防守较他国尤密。其险要之在英伦南岸者，曰抱斯穆斯（赤道北五十度四十八分，京师偏西一百一十七度三十二分。有船厂，为停泊兵轮之埠）、布来墩（赤道北五十度四十九分，京师偏西一百一十六度三十四分）、海斯顶司（赤道北五十度五十二分，京师偏西一百一十五度四十九分），为南岸东段有坚大炮台之处，大兵官驻苏当波敦（见前）以统之；曰浦里（赤道北五十度四十三分，京师偏西一百一十八度二十五分）、埃克斯穆斯（赤道北五十度三十七分，京师偏西一百一十九度五十分）、达德穆斯（赤道北五十度二十二分，京师偏西一百二十度）、普里穆斯（赤道北五十度二十二分，京师偏西一百二十度三十五分。有船厂，为停泊兵轮之埠）、阜卫（赤道北五十度二十一分，京师偏西一百二十一度四分）、阜尔穆斯（赤道北五十度九分，京师偏西一百二十一度三十分）、平泉西（赤道北五十度七分，京师偏西一百二十一度五十九分），为南岸西段有坚大炮台之处，大兵官驻威穆斯（赤道北五十度三十六分，

12,3,25

京师偏西一百一十八度五十三分）以统之。在英伦东岸者，曰雅穆斯（赤道北五十二度三十七分，京师偏西一百一十四度四十三分）、乌里池（赤道北五十一度二十九分，京师偏西一百一十六度二十三分。有船厂，为停泊兵轮之埠）、茶坦姆（赤道北五十一度二十三分，京师偏西一百一十五度五十四分。有船厂，为停泊兵轮之埠）、回特斯大布尔（赤道北五十一度二十六分，京师偏西一百一十五度十六分）、多汶（度分见前。有船厂，为停泊兵轮之埠），为东岸南段有坚大炮台之处，大兵官驻哈威池（赤道北五十一度五十一分，京师偏西一百五十五度九分）以统之；曰京士兰尼（赤道北五十二度四十六分，京师偏西一百一十六度二分）、斯喀波罗（赤道北五十四度十八分，京师偏西一百一十六度五十一分）、松德兰（赤道北五十四度五十六分，京师偏西一百一十七度四十九分），为东岸北段有坚大炮台之处，大兵官驻赫尔（赤道北五十三度四十五分，京师偏西一百一十六度四十六分）以统之。西岸则以阿尔兰为外蔽，故防守亦疏，惟于弥尔福德（赤道北五十一度四十三分，京师偏西一百二十一度二十九分。有船厂，为停泊兵轮之埠）屯兵船，北扼阿尔兰海峡，南护布里斯掩海口。其在苏格兰东岸者，曰里嗣（赤道北五十五度五十九分，京师偏西一百一十九度三十六分。有船厂，为停泊兵轮之埠）、布洛德（赤道北五十六度二十九分，京师偏西一百一十九度十八分）、贝德海特（赤道北五十七度三十一分，京师偏西一

英格兰西岸驻防稍疏

百一十八度十三分)、威克(赤道北五十八度二十七分,京师偏西一百一十九度三十二分)、玛英兰岛(赤道北六十度十分,京师偏西一百一十七度三十五分),为有坚大炮台之处,大兵官驻南昆佛里(赤道北五十五度五十九分,京师偏西一百一十九度五十分)以统之;在西岸者,曰格剌斯哥(度分见前。有船厂,为停泊兵轮之埠),利威斯岛之斯道罗隈(赤道北五十八度十三分,京师偏西一百二十二度五十分),为有坚大炮台之处,大兵官驻格里洛克(赤道北五十五度五十八分,京师偏西一百二十一度十二分)以统之。其在阿尔兰东偏者,曰拉内(赤道北五十四度五十一分,京师偏西一百二十二度一十六分)、贝尔法斯德(度分见前。有船厂,为停泊兵轮之埠)、威哥斯佛尔(赤道北五十二度二十分,京师偏西一百二十二度五十四分)、窝德尔佛尔(赤道北五十二度十六分,京师偏西一百二十三度三十一分。有船厂,为停泊兵轮之埠)、哥尔克(赤道北五十一度五十四分,京师偏西一百二十四度五十五分。有船厂,为停泊兵轮之埠)、京索里(赤道北五十一度四十三分,京师偏西一百二十四度五十八分),为有坚大炮台之处,大兵官驻京斯墩(赤道北五十三度十八分,京师偏西一百二十二度三十六分)以统之;在西偏者,曰摩黎克(赤道北五十二度四十分,京师偏西一百二十五度四分。有船厂,为停泊兵轮之埠)、加威尔(赤道北五十三度十七分,京师偏西一百二十五度三十分)、为有坚大炮台之处,大兵官驻班特里

苏格兰沿海驻防分布

12,3,25

（赤道北五十一度四十一分，京师偏西一百二十五度五十四分）以统之。此其设险守国之大要也。

筑炮台之二法

至炮台之法，有见击、越击二端。华人所用者皆见击，越击惟西人用之。见击之炮台露出，台有炮门，望定来船，对准而发弹，线平出，必为旁中。越击置炮山后，或筑堡障炮前，使敌不见炮；测定来船远近、左右之点，升降炮度，转移炮向，弹线越山与堡而出，必为坠中。越击难而见击易，以越击须测量，见击一望而发，有迟速之别耳。旁中逊而坠中胜，以旁中伤在船身，甲厚者弹未必透，即透亦不难补；坠中伤在船面，人物、机器必有所损。且见击之台，敌能准击炮门，若敌炮远率过于我炮，是坐受敌炮而无回击之权。越击之台在山与堡之后，敌炮无由望击，又不置炮房，无药烟蔽目之患。惟越击必须测量，是在筑台有法耳。预先测算精确，平常操演熟习，则临用可以速发，可以命中。其法先安炮轴，定点高于海平若干尺，使炮轴垂线与海平成直角；次测炮高四十五度之远界，及平度近界确在海面何处；次审炮向度数，其偏左偏右之极界确在海面何处；于是括其远近、左右之界，分经纬线，自四十五度最远界渐减至平度最近界，当每度所中之界定为纬线，自偏左极界渐移至偏右极界，当每度所中之界定为经线，乃用分率将海面经纬线绘为成图，凡经纬线相交之点，悉编字号，列之于图，是则海面受炮之处可以披图而知。于是置测量之器于山冈或他高处，其处于海面受炮之界务须一览无馀。测器为象限弧，或半周弧，

越击炮台使用之法

其弧须大，开度须广，俾易于审视。上安管以便窥测，须备两器置两处，以相距远近为底边，两管同窥一点，即成三角。平时预测海面经纬线各交点，两管同窥何交点，视两弧之角度几何，将各交点逐一测定，编为成表。临时两管同见来船，各视角度检表，即知来船已到何点。速电知掌炮之人，按图升降转移炮度发弹，无不中者。但炮轴定点及两测器均须安置极稳，不可稍有移动。此等炮台均禁人窥览，防泄其秘，或为敌所制耳。兹据所闻揆之，以理当不外是。若再有精奥，在身亲其事者神而明之，以收熟则生巧之益。

英国军队编制

其兵为额兵，非如法兰西之人尽役之也。陆兵二十一万四百五十六人，候用陆兵五万七千三百人，乡兵、农兵共十五万五千八百四十三人，义兵二十五万五千九百二十三人（义兵不受饷，岁役数日练习，有事则居守），阿尔兰巡捕兵一万二千八百一十二人，共六十九万二千三百三十四人。养兵岁费英金钱约一千八百万磅。暗台兵船二十六艘，明台兵船九艘，两旁安炮兵船三十艘，钢甲巡船七艘，水雷碰船一艘，大小水雷船一百四十五艘，共二百一十八艘。水师四万九千六百人，又海岸水师一万三千人，候用水师二万二千人。养兵岁费英金钱约一千二百万磅。

光绪十年，所入约英金钱九千一百万磅，所费约英金钱八千九百万磅，国债英金钱七万三千六百二十七万八千六百八十八磅。进口货值英金钱三万六千一百九十三万五

12,3,25

千又六磅，出口货值英金钱五万一百九十万三千四百七十八磅。铁路约六万里，电线约五十万里。

伦敦为国都，在赤道北五十一度三十分，京师偏西一百一十六度三十分（此以伦敦之彻林克洛斯铁马为定点，若英吉利之午线实在伦敦之东，赤道北五十一度二十八分，京师偏西一百一十六度二十六分）。跨达迷斯河南北，东距达迷斯入海之口八十七里，航河大轮船直达伦敦。无城郭，其夏屋云连之区，东西约三十四里，南北约二十六里，为方里者九百八十二。人民四百七十六万四千三百一十二口（土著三百八十一万四千五百七十一口，馀皆流寓），户口之繁，为天下城镇第一，当事者皆患人满。近年来贫民渐多，无岁不聚众要食，富家虽量为分润，常恐数年后贫民愈增，势必不支。故议院有筹项赀送贫民往澳大利亚开垦荒地之议，而小民安土重迁，复格不行。 赀送贫民赴澳垦荒

达迷斯河源出乌义尔德部克里克拉德之西北，其处曰达迷斯海得。东南流三十里，转而东北流出乌义尔德、哥罗塞斯德尔二部之间。又东流出哥罗塞斯德尔、北尔克二部之间。又东北流出北尔克、俄哥斯佛尔二部之间。又东北流出北尔克、巴京咸二部之间。又东南流出巴京咸、苏勒二部之间。又东南流出苏勒、迷德勒塞斯二部之间。又东北流过里彻曼得之西，小火轮船能溯流至此。又东北流过伦敦城中，又东南流出根德、厄塞二部之间，过乌里池之北。又东过茶坦姆之北，又东至设布里勒斯之南入海，

计行六百二十四里，为英吉利第一大水。

自上海至伦敦，计海道二万九千四百四十里，陆程二千四百八十里，共三万一千九百二十里。历时凡四十一昼夜，中间停轮寄寓凡十一昼夜，盖行三十昼夜云。

邹代钧西征纪程

人名索引

五画

六画

七画

八画

九画

十画

十一画

十二画

十三画

十五画

十七画

邹代钧西征纪程

译名简释

二画

丁加罗

Terengganu，登嘉楼，马来西亚十三州之一

三画

三达厄勒那岛

Saint Helena，圣赫勒拿岛，拿破仑流放之地

大比利敦国

Kingdom of Great Britain，大不列颠王国

大尼朝

Danish dynasty，丹麦王朝

大厚朝

Tahirid dynasty，塔希尔王朝，波斯地区伊斯兰教王朝

大脊岭

Darjeeling，大吉岭，印度城市

门多克

Mentok，门托克，印尼城市

马来隅

Malaysia，马来西亚

四画

开普里岛

Capri，卡碧岛，意大利岛屿

不尔奔朝

Bourbon，波旁王朝，法国封建

王朝

比尔佛德

Belfort,贝尔福,法国城市

比里牛斯大山

Pirineos,比利牛斯山,欧洲西南部山脉

比腊斯的

Brest,布雷斯特,法国城市

瓦罗斯朝

Valois,瓦卢瓦王朝,法国封建王朝

瓦得路

Waterloo,滑铁卢

贝尔昂桑

Briançon,布里昂松,法国城市

贝尔法斯德

Belfast,贝尔法斯特,北爱尔兰首府

贝加摩

Bergamo,贝加莫,意大利城市

巴丹岛

Batam,巴淡岛,印尼岛屿

巴白德海峡

Bab El-Mandeb,曼德海峡,连接红海和亚丁湾的海峡

巴克尔海峡

Palk Strait,保克海峡,印度与斯里兰卡间海峡

巴拉温岛

Belawan,勿拉湾岛,印尼岛屿

巴唐

Padang,巴东,印尼城市

巴勒摩

Palermo,巴勒莫,意大利城市

巴森河

Pathein River,勃生河,缅甸河流

巴德拿

Panta,巴特那,印度城市

五画

本定岛

Bintan,宾坦岛,印尼岛屿

布来墩

Brighton,布莱顿,英国城市

布里斯拖

Bristol,布里斯托,英国城市

布林岛

Bulan,布兰岛,印尼岛屿

布林的西

Brindisi,布林迪西,意大利

城市

北门翰

Birmingham，伯明翰，英国城市

北蓝大日奈朝

House of Plantagenet，金雀花王朝

占城

Champa Kingdom，占婆补罗，在今越南中南部

卢森不尔厄

Lëtzebuerg，卢森堡

白门吉尔岛

Pemanggil，帕芒吉尔岛，马来西亚岛屿

他大尼海峡

Dardanelles Strait，达达尼尔海峡，土耳其海峡的一部分

印的亚

Indonesia，印度尼西亚

尼西

Nice，尼斯，法国城市

加义罗

Cairo，开罗

加北珍朝

Capétiens，卡佩王朝，法国封建王朝

加尔各搭

Calcutta，加尔各答，印度城市

加拉布里亚

Calabria，卡拉布里亚，意大利大区

加非

Coffee，咖啡

加鲁令朝

Carlovingiens，加洛林王朝，法国封建王朝

幼发拉的河

Euphrates River，幼发拉底河

六画

邦古连

Bengkulu，明古鲁，印尼城市

吉陇镇

Kuala Lumpur，吉隆坡

吉德

Kedah，吉打，马来西亚十三州之一

亚巴士族

Abbasid，阿拔斯派，穆罕默德叔父阿拔斯的后裔

亚尔伯山

Alps,阿尔卑斯山

亚尔美尼亚

Armenia,亚美尼亚

亚卑尼奴山

Appennino,亚平宁山脉

亚浦里亚

Puglia,普利亚,意大利大区

亚得亚海

Mare Adriatico,亚得里亚海

西丹河

Sittang River,锡当河,缅甸河流

西贡

Sài Gòn,胡志明市

西波加

Sibolga,实武牙,印尼城市

西治里岛

Sicilia,西西里岛

西蕃/色蛮尼

Samanid Empire,萨曼帝国,波斯地区伊斯兰教帝国

达迷斯河

River Thames,泰晤士河,英国河流

达德穆斯

Dartmouth,达特茅斯,英国城市

迈尔的甫

Maldives,马尔代夫

回特斯大布尔

Whitstable,惠特斯特布尔,英国港口

多汶

Dover,多佛尔,英国港口

多斯加纳

Toscana,托斯卡纳,意大利大区

多璃岛

Tioman,刁曼岛,马来西亚岛屿

色法里朝

Saffarid Dynasty,萨法尔王朝,波斯地区伊斯兰教王朝

米利坚

America,美利坚

安达门群岛

Adaman,安达曼群岛

安科呐

Ancona,安科纳,意大利城市

设贝格

Cherbourg,瑟堡,法国港口

设福尔德

Sheffield,谢菲尔德,英国城市

七画

玛那萨罗瓦湖

Lake Manasarovar,玛旁雍错,西藏湖泊

玛英兰岛

Mainland,梅恩兰岛,英国岛屿

苏门答剌岛

Sumatera,苏门答腊岛

苏夷士

Suez,苏伊士,埃及城市

苏当波敦

Southampton,南安普敦,英国城市

苏齐岛

Sugi,苏吉岛,印尼岛屿

丽佛普尔

Liverpool,利物浦,英国城市

来加的甫群岛

Lakshadweep,拉克沙群岛,印度群岛

里子

Leeds,利兹,英国城市

里窝那

Livorno,利沃诺,意大利城市

低白河

Tiber River,台伯河,又称特韦雷河,意大利河流

低格里河

Tigris River,底格里斯河

低培

Dieppe,迪耶普,法国城市

身毒

Sindhu,印度

佛罗棱萨

Firenze,佛罗伦萨

佛郎

Franc,法郎

佛郎机

French,法兰西

希玛纳雅

Hima Alaya,喜马拉雅

沙剌我

Selangor,雪兰莪,马来西亚十三州之一

宋腒朥

Songkhla,宋卡,泰国南部府

补罗义

Boulogne,布洛涅,法国城市

君士坦丁城

Constantinopolis,伊斯坦布尔

阿马拉普剌

Amarapura,阿马拉布拉,缅甸城市

阿尔兰岛

Ireland,爱尔兰岛

阿尔谟斯海峡

Hormuz Strait,霍尔木兹海峡

阿剌伯

Arab,阿拉伯

努北阿

Nub,努比亚,东北非古代地区名

纽海汶

New Haven,纽黑文,英国港口

纽喀斯

Newcastle,纽卡斯尔,英国城市

八画

坦拉瓦底河

Chindwin River,钦敦江,缅甸河流

抱斯穆斯

Portsmouth,朴次茅斯,英国城市

松德兰

Sunderland,桑德兰,英国城市

呵曼

Oman,阿曼

罗尼河

Rhône,罗讷河,法国河流

罗亚尔河

Loire,卢瓦尔河,法国河流

罗拾缚

Rochefort,罗什福尔,法国城市

罗得岛

Rhodes,罗德岛,希腊岛屿

帕古达

Baghdad,巴格达

卑力

Perak,霹雳,马来西亚十三州之一

阜尔穆斯

Falmouth,法尔茅斯,英国城市

法知米的族

Fatimid,法蒂玛族,穆罕默德女儿法蒂玛的后裔

波耳多

Bordeaux,波尔多,法国城市

弥尔福德

Milford Haven，米尔福德港，威尔士城市

弥尼科伊岛

Minicoy，米尼科伊岛，印度岛屿

九画

挪瓦

Norge，挪威

挪亚

Noah，诺亚

威尼西

Venice，威尼斯

哈佛尔

Le Havre，勒阿弗尔，法国城市

哈威池

Harwich，哈里奇，英国港口

哈诺威

Hannover，汉诺威，德国城市

科摩

Como，科莫，意大利城市

科摩稜嘴

Cape Comarin，科摩林角，印度最南端

烂泥尾

Cà Mau，金瓯角，中南半岛最南端岬角

十画

班加里斯岛

Bengkalis，望加丽岛，印尼岛屿

班加岛

Bangka，邦加岛，印尼岛屿

班科尔岛

Pangkor，邦喀岛，马来西亚岛屿

都铎尔朝

House of Tudor，都铎王朝，英国封建王朝

哲孟雄

Sikkim，锡金，原为独立王国，后被印度吞并

埃丁贝

Edinburgh，爱丁堡，苏格兰首府

埃尔白岛

Elba，厄尔巴岛，意大利岛屿，拿破仑流放之地

埃克斯穆斯

Exmouth，埃克斯茅斯，英国城市

埃佛勒斯峰

Mount Everest，珠穆朗玛峰

埃得乃

Etna，埃特纳，意大利活火山

真腊

Khmer，高棉，又译吉蔑，即今柬埔寨

格剌斯哥

Glasgow，格拉斯哥，苏格兰城市

索哥德拉岛

Socotra，索科特拉岛，也门岛屿

索谋里兰

Soomaaliland，索马里兰

哥尔多瓦

Córdoba，科尔多瓦，西班牙城市

哥尔塞牙岛

Corsica，科西嘉岛，法国岛屿

哥利波里

Gallipoli，加利波利，意大利城市

哥陈

Cochin，科钦，印度城市

嗹马

Danmark，丹麦

峨特人

Celt，凯尔特人

特里

Delhi，德里，印度首都所在

拿破里

Napoli，那不勒斯

翁米亚族

Umayyad，倭马亚派，麦加阿拉伯古来氏族的一支

海斯顶司

Hastings，海斯廷斯，英国城市

诺尔曼的部

Duché de Normandie，诺曼底公国

诺曼朝

House of Normandy，诺曼底王朝，英国封建王朝

袜拉几亚

Wallachia，瓦拉几亚，古国名，今属罗马尼亚

难得斯

Nantes，南特，法国城市

十一画

勒格俄

Reggio di Calabria,雷焦卡拉布里亚,意大利城市

乾吉思河

Ganges River,恒河

萨索尼人

Saxons,撒克逊人

萨索尼朝

Wessex,威塞克斯王朝,英国封建王朝

康道尔群岛

Con Son islands,昆山群岛,越南南部群岛

婆罗洲

Borneo,加里曼丹岛

密士失必河

Mississippi River,密西西比河

谋罗岛

Pulau Moro,莫罗岛,印尼岛屿

十二画

斯丢亚尔的朝

House of Stuart,斯图亚特王朝,英国封建王朝

斯的干那味

Skandinavien,斯堪的纳维亚

葱岭

Pamirs,帕米尔高原

雅穆斯

Yarmouth,雅茅斯,英国港口

喀脑塞斯

Colossus,太阳神巨像

喀斯特马勒

Castellammare Di Stabia,斯塔比亚海堡,意大利城市

奥地利亚

Austria,奥地利

奥斯马加

Austria-Hungary,奥匈帝国

普里穆斯

Plymouth,普利茅斯,英国城市

十三画

蓝尼罗河

Blue Nile River,青尼罗河

锡兰

Sri Lanka,斯里兰卡

意大里

Italy,意大利

满剌加

Malacca,马六甲

塞特勒至河

Sutlej,萨特莱杰河

塞浦洛斯

Cyprus,塞浦路斯

福克斯墩

Folkestone,福克斯通,英国城市

十四画

赫尔森哥

Helsingborg,赫尔辛堡,瑞典城市

十五画

撒马儿罕

Samarqand,撒马尔罕,今属乌兹别克斯坦

暹罗

Sayam,泰国

墨罗彬朝

Mérovingiens,墨洛温王朝,法国封建王朝

黎巴利群小岛

Lipari,利帕里群岛,意大利岛屿

德希兰

Tehran,德黑兰

摩塞勒河

Moselle,摩泽尔河,莱茵河支流

摩德拿

Modena,摩德纳,意大利城市

走向世界丛书一百种

初编三十五种以 * 标出

谢清高 **海录**（附三种）
* 容　闳 **西学东渐记**
* 林　鍼 **西海纪游草**
* 罗　森 **日本日记**
* 斌　椿 **乘槎笔记**
* 张德彝 **航海述奇**
* 王　韬 **漫游随录**
* 志　刚 **初使泰西记**
* 张德彝 **再述奇**（欧美环游记）
* 张德彝 **三述奇**（随使法国记）
王　芝 **海客日谈**
* 祁兆熙 **游美洲日记**
* 李　圭 **环游地球新录**
* 郭嵩焘 **伦敦与巴黎日记**
* 张德彝 **四述奇**（随使英俄记）
* 黎庶昌 **西洋杂志**
* 刘锡鸿 **英轺私记**
李凤苞 **使德日记**
钱德培 **欧游随笔**
* 何如璋 **使东述略及杂咏**
* 张斯桂 **使东诗录**
黄遵宪 **日本国志**
* 黄遵宪 **日本杂事诗**〔广注〕
陈兰彬 **使美纪略**
* 曾纪泽 **出使英法俄国日记**
* 王　韬 **扶桑游记**
* 徐建寅 **欧游杂录**
谭乾初 **古巴杂记**
王之春 **谈瀛录**
* 李筱圃 **日本纪游**
池仲佑 **西行日记**
蔡　钧 **出洋琐记**
袁祖志 **瀛海采问纪实**
张祖翼 **伦敦竹枝词**
王以宣 **法京纪事诗**
潘飞声 **西海纪行卷**
潘飞声 **柏林竹枝词**
潘飞声 **天外归槎录**
张荫桓 **三洲日记**
邹代钧 **西征纪程**
王咏霓 **道西斋日记**
张元济 **环游谈荟**
余思诒 **楼船日记**
缪祐孙 **俄游汇编**
张德彝 **五述奇**
* 傅云龙 **游历日本图经馀纪**
傅云龙 **游历美加等国图经馀纪**
洪　勋 **游历闻见录**
崔国因 **出使美日秘国日记**
* 薛福成 **出使英法义比四国日记**
* 薛福成 **出使日记续刻**
陈道华 **日京竹枝词**

严　修 **东游日记**
姚鹏图 **扶桑百八吟**
凤　凌 **游馀仅志**
* 黄庆澄 **东游日记**
吴宗濂 **随轺笔记**
宋育仁 **泰西各国采风记**
王之春 **使俄草**
伍廷芳 **美国视察记**
* 蔡尔康等 **李鸿章历聘欧美记**
张德彝 **六述奇**（附　七述奇未成稿）
刘学询 **考察商务日记**
黄　璟 **考察农务日记**
罗振玉 **扶桑两月记**
罗振玉 **扶桑再游记**
丁鸿臣 **东瀛阅操日记**
沈翊清 **东游日记**
* 梁启超 **新大陆游记**
张德彝 **八述奇**
载　振 **英轺日记**
吴汝纶 **东游丛录**
双　寿 **东瀛小识**
缪荃孙 **日游汇编**
周学熙 **东游日记**
* 单士厘 **癸卯旅行记**
凌文渊 **籥盦东游日记**
张　謇 **癸卯东游日记**
蒋　煦 **西游日记**
王景禧 **日游笔记**
陈　琪 **环游日记**
* 康有为 **意大利游记**
康有为 **德意志等国游记**
康有为 **英国游记**
* 康有为 **法兰西游记**
韩国钧 **实业界之九十日**
李濬之 **东隅琐记**
盛宣怀 **愚斋东游日记**
* 戴鸿慈 **出使九国日记**
金　鼎 **随同考察政治笔记**
* 载　泽 **考察政治日记**
程　淯 **丙午日本游记**
康有为 **西班牙等国游记**
杨泰阶 **东游日记**
文　恺 **东游日记**
左湘钟 **东游日记**
吕珮芬 **东瀛参观学校记**
* 林汝耀 **苏格兰游学指南**
* 单士厘 **归潜记**
金绍城 **十八国游记**
附 艾儒略 **职方外纪**
附 南怀仁 **坤舆图说**
附 丁韪良 **西学考略**
附 艾约瑟 **西学启蒙**

图书在版编目(CIP)数据

西征纪程/(清)邹代钧著.—长沙:岳麓书社,2016.11
(走向世界丛书/钟叔河主编)
ISBN 978-7-5538-0615-0

Ⅰ.①西... Ⅱ.①邹... Ⅲ.①地理—调查—世界—近代
Ⅳ.①K91

中国版本图书馆CIP数据核字(2016)第121088号

XIZHENG JICHENG
西征纪程
作　　者:邹代钧
校 点 者:鄢　琨
责任编辑:鄢　蕾
责任校对:舒　舍
封面设计:吴颖辉　贺红梅

岳麓书社出版发行
地址:湖南省长沙市爱民路47号
直销电话:0731—88804152　88885616
邮编:410006
岳麓书社网址:www.yueluhistory.com

2016年11月第1版第1次印刷
开本:890×1240　1/32
印张:7.25
字数:161千字
印数:1—3 000
ISBN 978-7-5538-0615-0
定价:38.00元

承印:长沙超峰印刷有限公司

如有印装质量问题,请与本社印务部联系
电话:0731—88884129